BALLON MINCEUR

BALLON MINCEUR

101 exercices pour perdre du poids et sculpter votre corps

LIZBETH GARCIA

TRADUIT DE L'ANGLAIS PAR KARIMA AFCHAR

Guy Saint-Jean
ÉDITEUR

Catalogage avant publication de Bibliothèque et Archives nationales du Québec et Bibliothèque et Archives Canada

Garcia, Lizbeth

Ballon minceur: 101 exercices pour perdre du poids et sculpter votre corps

Traduction de: 101 ways to burn fat on the ball.

ISBN 978-2-89455-250-6

1. Ballons suisses. 2. Exercice. 3. Exercices amaigrissants. I. Titre.

GV484.G3714 2007 613.7'12 C2007-940552-5

Nous reconnaissons l'aide financière du gouvernement du Canada par l'entremise du Programme d'Aide au Développement de l'Industrie de l'Édition (PADIÉ) ainsi que celle de la SODEC pour nos activités d'édition.

Patrimoine canadien Canadian Heritage Canada SODEC Québec

Gouvernement du Québec – Programme de crédit d'impôt pour l'édition de livres – Gestion SODEC

Publié originalement aux États-Unis par Fair Winds Press, un membre de Quayside Publishing Group, 33 Commercial Street, Gloucester, MA 01930

Conception graphique: Laura H. Couallier, Laura Herrmann Design

Photographie: Allan Penn

Coiffure et coloration: Lisa Moore, Salon C13, San Diego, Californie

Manucure et pédicure: Pamela Couch, Salon Gila Rut, San Diego, Californie

Traduction: Karima Afchar

Révision: Jeanne Lacroix

Infographie: Christiane Séguin

Dépôt légal – Bibliothèque et Archives nationales du Québec et Bibliothèque et Archives Canada 2007

ISBN: 978-2-89455-250-6

Distribution et diffusion:

Amérique: Prologue

France: Volumen

Belgique: La Caravelle S.A.

Suisse: Transat S.A.

Guy Saint-Jean Éditeur inc.,

3154, boul. Industriel, Laval (Québec) Canada. H7L 4P7. (450) 663-1777.

Courriel: saint-jean.editeur@qc.aira.com • Web: www.saint-jeanediteur.com

Guy Saint-Jean Éditeur France

48 rue des Ponts, 78290 Croissy-sur-Seine, France. 01.39.76.99.43. Courriel: gsj.editeur@free.fr

Imprimé en Chine

Je dédie ce livre à ma famille, Mirta, Francisco et Gabriel.

À mon mari, Pete Tillack, et à nos chers parents,
Sue et Geoff de Sidney, en Australie.

Table des matières

Le ballon d'exercice : l'accessoire idéal

Le tapis roulant. Le banc. L'elliptique. Le yoga. La méthode Pilates. Depuis 15 ans que je fais des exercices régulièrement et que je donne des cours de conditionnement physique, très peu de choses ont véritablement révolutionné le monde de la forme physique. En effet, peu importe la nature de l'exercice choisi, la réalité fondamentale et l'équation perte de poids/santé sont immuables : accélérer le rythme cardiaque plusieurs fois par semaine pour une bonne santé cardiaque ; pour brûler les calories en trop, faire des exercices de résistance afin de développer les muscles et tonifier le corps, et pour détendre les muscles et ne pas perdre de vue le moral, faire des exercices qui associent le physique au mental.

Le ballon n'a modifié en rien cette réalité, il ne brûle pas les calories comme par magie, il ne développe pas les muscles indépendamment de votre volonté. J'estime cependant que le ballon a accompli un miracle – rien de moins – parce qu'il a redynamisé les mêmes exercices poussiéreux, ceux-là mêmes dont je parlais un peu plus tôt, à savoir l'entraînement par force musculaire, le yoga et les exercices de la méthode Pilates. Le ballon est un accessoire qui ne coûte pas cher et qui est facile à manier et, pourtant, il permet de stimuler de mille et une façons les plus initiés des adeptes d'exercice.

Je m'explique : prenons pour exemple l'un des mouvements les plus banals et les plus efficaces, l'accroupissement. L'accroupissement est relativement facile à effectuer, il suffit simplement d'imaginer que l'on va s'asseoir sur une chaise. Ce mouvement seul renforce les quadriceps (le devant des cuisses), les glutéaux (les muscles fessiers) et les ischio-jambiers (l'arrière des cuisses), sans oublier les bienfaits qu'il apporte aux abdominaux et aux mollets. Autre avantage : l'accroupissement est possible grâce aux plus gros muscles, ceux des fesses et des jambes, et par conséquent, si l'on en fait suffisamment, il permet de brûler un nombre appréciable de calories excessives.

De quelle façon le ballon peut-il accroître l'efficacité de ce mouvement (et le rendre plus amusant) ? Voici quelques pistes : si vous êtes débutant, vous pouvez utiliser le ballon comme guide et le placer sous les fesses lorsque vous vous baissez. Ou encore, vous pouvez l'appuyer contre le mur, le faire rouler le long du mur tout en vous accroupissant. Deux autres suggestions : tenez le ballon à la hauteur de la poitrine tout en vous accroupissant pour augmenter la résistance du mouvement (ce qui tonifiera le haut du corps et brûlera davantage de calories), ou tenez le ballon au-dessus de votre tête pour que le mouvement soit encore plus difficile à effectuer.

J'oublie cependant une autre possibilité très importante: si vous n'êtes pas encore parvenu à la forme physique nécessaire pour faire de vrais accroupissements, vous pouvez tout simplement vous asseoir sur le ballon et rebondir. Rien que le fait de s'asseoir sur le ballon et de rebondir tonifie les muscles, parce qu'on est obligé de contracter des muscles si on veut y rester assis.

Comme vous pouvez le constater, avec le ballon, il y en a pour tous les goûts. Et puisqu'il s'adapte facilement à toutes sortes d'exercices, il constitue un excellent accessoire pour quelqu'un comme moi, qui suis conseillère en entraînement individualisé et qui donne des cours de conditionnement physique. Il me permet, en effet, de faire appel à mon imagination, de m'amuser tout en enseignant et d'aider les autres à être en meilleure forme physique.

Prévoir l'imprévisible

Le programme d'exercice que j'ai élaboré avait pour objectif de faire bouger le corps, et l'un des avantages qui s'en dégagent, c'est qu'il fait place à la spontanéité. Au début de chacun de mes cours, les élèves ne savent pas à quoi s'attendre. Bien sûr, ils savent qu'ils vont beaucoup bouger, que chaque mouvement se fera à l'aide du ballon, qu'il s'agisse d'un exercice cardio ou de résistance, mais ils ignorent l'ordre dans lequel les mouvements et les pas vont s'effectuer ainsi que leurs variantes.

C'est la raison pour laquelle j'ai choisi d'inclure 101 mouvements dans ce livre. Vous ne ferez certes pas les 101 mouvements toutes les fois que vous déciderez de faire de l'exercice, mais une fois que vous aurez maîtrisé les mouvements décrits dans les programmes de 30 et 60 minutes, vous serez en mesure de combiner les mouvements et les séquences que vous préférez pour élaborer votre propre programme d'entraînement.

Par ailleurs, j'ai concocté dix programmes courts et ciblés dont vous récolterez les fruits de deux façons. D'abord, si vous êtes à court de temps ou si l'apparence d'une partie de votre corps vous chagrine, l'un de ces programmes est alors tout indiqué et vous permettra d'atteindre votre but. Ensuite, à l'aide des mouvements que je vous propose, vous pouvez élaborer votre propre programme de 30 minutes ou plus.

En modifiant l'ordre dans lequel vous effectuez les exercices, votre programme reste non seulement original et amusant, mais il vous aide à être en meilleure forme physique plus rapidement. En voici la raison : les muscles peuvent véritablement « s'encroûter » ; si vous parcourez de façon routinière 5 km en 45 minutes ou si vous ne soulevez que des poids de 1 kg (2 lb), ou encore, si vous répétez les mêmes huit exercices à chaque séance, alors, ce qui était au départ un programme stimulant devient un programme ennuyant, composé d'exercices que votre corps finit par trouver faciles. Les purs et durs, ceux et celles qui font de la musculation, augmentent simplement le poids de leurs haltères pour stimuler sans cesse le corps. Il en résulte qu'effectivement leurs muscles sont plus forts et plus gros, mais ce n'est pas le but que la plupart d'entre nous recherchons. La plupart d'entre nous désirons simplement être et rester en bonne condition physique. Par conséquent, pour stimuler continuellement nos muscles, il nous faut les surprendre à l'aide de nouveaux exercices et de séquences variées ; ainsi, nos muscles ne s'habitueront jamais au programme auquel nous les soumettons.

Un entraînement sans peine

Danielle Dorman, 37 ans, mère de jumeaux de sept ans, est une habituée de mes cours. Elle dit : « ... faire des exercices à l'aide d'un ballon ne me donne pas l'impression de véritablement travailler. J'adore la musique, l'ambiance du cours, et l'entraînement dynamique. » Danielle a perdu au moins 5 kg (10 lb) depuis qu'elle suit mon cours, « Pilates avec ballon ». « Ma posture est bien meilleure, mes abdominaux sont plus puissants, je suis plus consciente de ma forme et de mon objectif lorsque je soulève des poids ou exécute d'autres formes d'exercice ». Elle ajoute : « J'aime surtout le fait que le ballon s'adapte à toutes sortes d'exercices, je peux m'en servir pour développer ma force musculaire, pour m'étirer, pour faire des exercices aérobiques, et pour beaucoup d'autres choses. »

Avant de vous expliquer comment l'utiliser, quelques mots de plus sur le ballon. Cela fait des années qu'il fait partie du monde de la forme physique, mais ce n'est que tout récemment que les conseillers en forme physique l'ont intégré au lever de poids, au yoga et aux exercices de la méthode Pilates. Mais aussi fantastiques que soient le développement de la force musculaire, le yoga ou encore la méthode Pilates, ce que la plupart des gens qui s'exercent désirent d'abord et avant tout, c'est perdre du poids. Et pour perdre du poids, il faut des muscles (j'y reviens dans un instant). Faire des exercices, c'est bien, mais c'est encore mieux quand tout le corps bouge et danse.

Le ballon, meilleur accessoire ? Pourquoi ?

Lorsque vous êtes debout, les deux pieds bien ancrés au sol, vous gardez votre équilibre en raison de plusieurs facteurs. D'abord, le sol est stable. Ensuite, les pieds sont conçus pour que vous puissiez rester debout. En revanche, lorsque vous êtes assis sur le ballon, ces deux facteurs

KERI DAVIS, 40 ans, propriétaire d'entreprise, conférencière spécialiste de la motivation *Salon Gila Rut, San Diego, Californie*

J'ai lancé ma propre entreprise, il y a de cela quatorze ans. Aujourd'hui, elle est en pleine expansion et, depuis quelques années maintenant, j'organise, partout aux États-Unis, des colloques axés sur la motivation.

En juin 2004, je me suis regardée dans le miroir et j'ai vu la femme de 39 ans, de 100 kg (220 lb) que j'étais devenue. Je me suis dit qu'il était temps que je commence à faire de l'exercice et à être en forme. J'ai donc appelé une des amies de ma sœur, Lizbeth Garcia, qui est conseillère en conditionnement physique. Je lui ai demandé de me guider et de m'aider à mettre au point un programme d'exercice et de nutrition. Ce qu'elle fit. D'un côté, je devais réduire le nombre de calories que je consommais, de l'autre, je devais m'entraîner deux ou trois fois par semaine avec elle, et trois ou quatre fois, seule.

Sautons quelques mois, et nous voici en décembre 2004. Je n'avais pas vraiment respecté les programmes. Honnêtement (et quelle serait la raison de ne pas être honnête envers moi-même ?), je n'avais pas modifié mon régime alimentaire, et je ne faisais des exercices que lorsque j'avais rendez-vous avec Lizbeth. J'étais de plus en plus contrariée et commençai à me faire à l'idée que j'étais vouée à être une femme qui porterait toujours des vêtements de taille 52 (20). Qui sait, peut-être que Dieu m'avait donné cette corpulence pour que je ne dépense pas trop d'argent en vêtements ? À mesure que janvier 2005 approchait, mes pensées se tournaient vers mon quarantième anniversaire, en février. C'est à ce moment que les choses se mirent à changer, à savoir, mes pensées et mon attitude. Après avoir vu la transformation qu'Oprah avait réalisée pour son cinquantième anniversaire, et après avoir regardé l'émission de télévision *The Biggest Loser*, j'ai finalement compris ! Il n'y a pas de pilule magique, il n'y a pas de solution magique. Si je voulais être en santé, si je voulais être en bonne forme physique et me sentir bien dans ma peau, il fallait que je prenne la décision de m'engager à atteindre ces objectifs.

TRANSFORMATION

Je pris la décision le 1er janvier 2005. Je décidai de m'engager à me transformer. Cette décision fut prise en toute connaissance de cause, et je m'y consacrai entièrement. J'arrêtai de faire passer certaines choses (réelles ou imaginaires) avant ma santé et mon bien-être. Bien au contraire, ma santé et mon bien-être devinrent mes priorités, tous les jours, dans chacune de mes décisions et chacun de mes gestes. La première chose que je fis fut d'appeler Lizbeth ; je promis de m'entraîner avec elle six jours par semaine. Ensuite, je réorganisai mon horaire de travail pour pouvoir intégrer mes séances d'exercice à ma journée. Lizbeth mit au point un programme qui associait exercices cardiovasculaires et entraînement en circuit. Après que j'eus développé une certaine force musculaire, nous décidâmes d'intégrer des exercices de la méthode Pilates et la natation à mon programme. (Croyez-le ou non, il m'arrive même de m'entraîner deux fois par jour !) Par ailleurs, j'élaborai un programme alimentaire, sain et faible en matières grasses, qui allait me convenir à long terme. Ce programme a bien sûr changé, mais ce qui n'a pas changé, c'est que je sais maintenant que je dois constamment équilibrer les calories que je consomme et les calories que je dépense pour pouvoir perdre du poids et ne pas en reprendre.

RÉSULTATS

Ma résolution de changer et mon engagement envers mon bien-être, associés à beaucoup d'efforts et de persistance, ont porté fruit ! Cela fait onze mois que j'ai modifié mon style de vie, et je suis à présent une belle femme de quarante ans, de 80 kg (175 lb) de taille 42 (12) ! J'ai perdu 105 cm (42 po) de tour de taille. Et je continue toujours ! Tous les jours, Lizbeth et moi atteignons de nouveaux buts. Aujourd'hui, j'ai parcouru 8 km à la course (oui, en une seule fois, sans m'arrêter) ! Ma plus longue course. Qui sait, peut-être que la semaine prochaine, je parcourrai 9 ou même 11 km ! Ce que je sais, c'est que je réussis à faire ce que je choisis de faire, et c'est en prenant cette décision que se produit le changement. Si moi, je peux changer, vous le pouvez, vous aussi ! Je me suis rendu compte récemment que j'étais inconsciemment convaincue que c'était ma taille, —1 m 75, 100 kg (5' 9", 222 lb) qui me donnait de la puissance. Je croyais que ma taille me rendait plus efficace et que si mon surplus de poids disparaissait, je ne serais pas aussi dynamique et ne connaîtrais pas tant de succès dans mes affaires. J'avais tort ! J'ai appris que ma force vient de l'intérieur, elle vient de la confiance que j'ai en moi de pouvoir accomplir tout ce que je veux. Cette prise de conscience, la décision que j'ai prise de changer la perception que j'avais de moi, les choix que j'ai faits en terme d'exercice et de nutrition, tout cela, c'est la plus belle réalisation de ma vie. Si je peux changer, vous le pouvez aussi !

disparaissent. La surface du ballon n'est pas stable, et donc, pour que le corps reste en position debout, il doit faire appel à d'autres muscles pour soutenir son poids. Qui plus est, la plupart d'entre nous ne faisons pas suffisamment appel à ces muscles stabilisateurs, ces muscles qui permettent le maintien de l'équilibre, pour qu'ils demeurent forts et fonctionnels.

Or, lorsque vous êtes assis sur le ballon, votre corps doit faire travailler des muscles qui sont affaiblis et sous-utilisés. Fait intéressant, ces muscles stabilisateurs ne jouent pas seulement un rôle dans la force du corps dans son ensemble, mais ils jouent également un rôle dans notre apparence. En effet, plus ils sont forts, plus notre silhouette s'affine et s'allonge.

Les muscles stabilisateurs sont superposés les uns aux autres, ils permettent de stabiliser la colonne vertébrale d'une part, et de bouger d'autre part. Le muscle abdominal le plus profondément enfoui dans le corps, le transverse, joue le rôle de corset de la colonne vertébrale ; il s'enroule autour de la colonne, en dessous de la taille, là où la ceinture de sécurité se boucle.

Le muscle multifide est également un muscle profondément enfoui, c'est un muscle long qui s'étend du sacrum aux vertèbres cervicales. Ce muscle a pour principal rôle de stabiliser la colonne vertébrale, de favoriser son extension (cambrure) et sa rotation (torsion).

Les muscles du bassin jouent un rôle dans la stabilité rachidienne (les vertèbres) et pelvienne (le bassin). Ensemble, ils ont la forme d'une fronde ou d'un hamac, qui se sépare en deux : d'un côté, entre l'os pubien et le coccyx ; de l'autre côté, entre l'os d'une fesse et celui de l'autre, et ce, pour soutenir le poids des organes. Il faut s'efforcer de solliciter les muscles stabilisateurs profondément enfouis. Imaginez que vous remontez les muscles du bassin à la surface, vers le nombril.

Vous pouvez certainement sentir le mouvement du ventre vers l'intérieur lorsque le transverse est sollicité à partir de la taille ; par contre, la contraction du muscle multifide est un peu plus subtile. Lorsque vous interrompez volontairement l'écoulement de l'urine, vous sollicitez les muscles du bassin ; dans ce cas-ci, le muscle entre les jambes remonte, un peu comme dans un exercice Kegel. En théorie, remonter les muscles profonds de l'abdomen devrait se faire en douceur.

D'autres muscles importants font partie des muscles stabilisateurs superposés, notamment les obliques internes et externes qui vous permettent de tourner et fléchir la taille. Le grand droit de l'abdomen est un long muscle superficiel, qui s'étend de l'os pubien au sternum. Lorsque vous fléchissez la taille vers l'avant, c'est ce muscle que vous sollicitez. Quant aux muscles du dos, leur principal rôle est de permettre l'extension de la colonne vertébrale. L'un des mieux connus, l'érecteur spinal, s'étend du sacrum aux deux dernières vertèbres thoraciques.

Mes élèves adorent le ballon parce que, sans faire beaucoup plus d'exercices supplémentaires, ils acquièrent une force abdominale et améliorent la flexibilité du dos. Le ballon permet aux muscles du dos, notamment l'érecteur spinal, de se développer et de devenir plus flexibles, ce qui est très important pour une bonne santé dorsale. Si vous avez de bons muscles dorsaux, vous ne vous fatiguerez pas en soulevant un objet lourd. Pareillement, si les muscles dorsaux sont flexibles, vous ne pourrez pas les froisser lorsque vous vous retournez brusquement ou que vous essayez d'attraper quelque chose qui est tout en haut de l'armoire.

FRANCES PETERSON, 36 ans, philanthrope

La Jolla, Californie

« Je n'ai pas fait d'exercice physique depuis l'adolescence, mais lorsque je m'entraîne avec Lizbeth, je passe des moments agréables. Avec elle, il est facile de suivre les consignes. Il faut déployer beaucoup d'efforts, mais j'aime les résultats que je remarque en moi. J'ai essayé plusieurs fois les exercices de la méthode Pilates, avec un autre moniteur, dans un autre studio, mais je n'en ai pas retiré de bienfait particulier.

Aujourd'hui, j'ai beaucoup plus d'énergie, une meilleure posture et une taille plus mince. Je vois mes abdominaux, alors qu'auparavant je ne les voyais pas ! J'aime l'état d'esprit dans lequel je suis après un cours. Grâce au ballon, ma séance d'exercice est formidable et amusante tout en me permettant de tonifier tous les groupes musculaires. C'est difficile de rester en équilibre sur le ballon, mais je m'améliore à chaque cours.

Le ballon est utile pour tous les athlètes. Il a d'abord servi en physiothérapie pour aider les gens qui s'étaient blessés à développer leurs muscles abdominaux, essentiels pour rester en position debout. Et pendant que des hommes et des femmes blessés s'en sont servis pour de simples exercices, les athlètes (sous la surveillance de leur entraîneur) ont commencé à s'en servir comme accessoire de stimulation. Il est en effet bien plus difficile d'effectuer un mouvement, que ce soit une flexion des biceps ou un simple lancer de ballon, lorsqu'on essaie de se maintenir en équilibre sur un ballon.

J'ai élaboré des cours pour ceux et celles qui voulaient faire des exercices, quels que soient leur motivation ou leur niveau. J'organise également des ateliers « Pilates avec ballon » et « Le ballon pour les surfeurs ». Pensez-y, les surfeurs doivent faire appel à leurs muscles stabilisateurs pour se relever alors qu'ils sont sur la plus instable des surfaces, l'eau. Mais ce ne sont pas seulement les surfeurs et les danseurs qui aiment mes cours. Sylvia Wechter (70 ans, bénévole, épouse et mère, psychothérapeute) étudie le yoga depuis des années, et étudie à présent la méthode Pilates. Elle pense que le ballon représente une « nouvelle façon d'éveiller son corps et d'étirer ses muscles ». « De plus, dit-elle, je n'ai pas peur de me blesser. J'ai remarqué une amélioration dans la tonicité de mes muscles, et je suis beaucoup plus consciente du rôle que joue la respiration dans l'exécution des exercices. Le ballon est amusant, stimulant, et c'est une façon accessible à tous de faire de l'exercice. »

Mon histoire

Je crois que l'exercice représente un choix positif que l'on fait pour soi. C'est notre dose quotidienne de médecine naturelle qui nous permet de nous sentir mieux dans notre peau, d'embellir notre apparence et de vivre plus longtemps. Pour moi, faire de l'exercice équivaut à vivre sainement. La santé du corps, c'est un choix personnel : décidez de faire de l'exercice, et vous obtiendrez force, souplesse, équilibre, énergie, avec, en prime, une qualité de vie qui ne diminuera pas à mesure que vous vieillissez.

J'ai eu beaucoup de chance, j'ai grandi dans une famille qui faisait très régulièrement de l'exercice. En réalité, depuis que je suis en âge de me souvenir, mes parents ont toujours fait de l'exercice. Mon père nous a initiés, mon frère et moi, à faire des tours de piste sur un circuit, au racquetball, au handball et à l'haltérophilie. Toute la famille Garcia est devenue membre, dès son ouverture, du célèbre studio Jack LaLanne, en Californie. Aujourd'hui âgé de 68 ans, mon père souffre d'arthrite, mais l'exercice fait toujours partie intégrante de sa vie. Il fait encore des exercices de force musculaire et du vélo d'exercice et aime toujours autant sa séance de sauna quotidienne suivie d'une douche glaciale. Il entre au studio, perclus d'arthrite, souffrant de douleurs et de malaises, et il en ressort en meilleure forme. Les exercices, ce sont les médicaments naturels de mon père.

Ma mère, aujourd'hui âgée de 61 ans, est institutrice depuis 25 ans. Elle encourage ses élèves de l'école primaire à faire de l'exercice physique. Sa détermination à toujours s'assurer que je ne manquais ni les cours de danse ni les répétitions, les costumes qu'elle me confectionnait toujours, sa présence au fond de la salle ont fait en sorte que je me suis toujours sentie très aimée et fière d'être sous les projecteurs. J'étais « sa vedette du moment ». Petite fille, je prenais des cours de danse, lesquels m'ont appris la confiance en moi, le maintien et la posture du corps. Adolescente et jeune adulte à l'université, j'ai continué à danser et ai ajouté à ma vie déjà active la danse aérobique avec saut, la danse aérobique douce, la course, la natation et la planche à voile. Quand je ne dansais pas dans le spectacle annuel de danse au parc Bilboa de San Diego, je passais mon temps à la plage.

Adulte, je suis devenue conseillère en conditionnement physique, monitrice de cours d'exercice et mannequin pour des vidéos sur la forme physique. J'ai travaillé pour la station thermale Rancho La Puerta à Tecate, au Mexique ; c'est à cette époque que j'ai participé à la production de la vidéo du magazine Harper's Bazaar, *The Bottom Line*. Mon travail à Rancho La Puerto m'a appris à enseigner, à aider les gens à conditionner leur corps et à transformer leur vie. J'ai par ailleurs travaillé à la station thermale The Golden Door d'Escondido en Californie, j'ai tenu le rôle principal du publireportage *Total Ab Roller* de *Flatten Your Belly with Pilates*, une vidéo produite par le magazine Prevention, *The Quick Fix's Abs Pilates*, et j'ai également participé à la production de *Cardio Party Mix*, pour Crunch Fitness.

Pour bénéficier d'une bonne énergie et pour que mon corps soit toujours en forme, je prends de courtes pauses pour avaler des aliments dont la préparation est rapide et simple, des œufs durs, du yogourt, du fromage cottage (fromage blanc), des amandes fraîches, du céleri avec du beurre d'arachide et des fruits frais. Je prends également une pause à midi, et avale du thon, du poulet ou du bœuf en salade et un fruit pour dessert. Et surtout, je bois de l'eau, du thé vert chaud ou froid, et pour me redonner rapidement du tonus, je verse un sachet de vitamine C en poudre dans mon

JAMES PETERSON, 43 ans, directeur d'entreprise

La Jolla, Californie

« Je jouais au tennis très régulièrement, il y a longtemps de cela. Au cours des vingt dernières années, j'ai suivi trois cours de yoga. Dans le cours de Lizbeth, ma séance d'exercice est complète et efficace, et je m'amuse en même temps ; j'aime vraiment beaucoup sa façon d'enseigner. Elle est extrêmement patiente, ce qui est très important pour les débutants dont je faisais partie il y a quatre mois.

J'ai une meilleure maîtrise de moi-même, j'ai amélioré mon adresse et j'ai davantage confiance en moi. Mon épouse me dit que ma posture est bien meilleure qu'elle ne l'était autrefois, avant que je ne commence à suivre des cours. Je remarque maintenant la définition de mes muscles, alors qu'avant je ne la remarquais pas. Avant de m'inscrire au cours de Lizbeth, les tissus adipeux représentaient plus de 19,5 % de mon poids. Quatre mois plus tard, ils représentent moins de 17 %, et je n'ai changé en rien mes habitudes alimentaires !

J'adore faire des exercices avec le ballon ! Tout en essayant de me maintenir en équilibre et de lever des poids, je dois tenter de mieux coordonner ma tête et mon corps. Je souffre d'hyperactivité avec déficit de l'attention, et ce cours m'aide énormément à me concentrer et à ne pas perdre de vue mes objectifs tout au long de la journée.

Je recommande ce cours à tout le monde !

eau qui devient ainsi pétillante et vitaminée. Quand je n'enseigne pas, j'aime faire de la planche à voile, courir et lever des poids. J'essaie de faire, tous les jours de la semaine, quelque chose d'amusant, à l'extérieur.

Le secret de la perte de poids

CHAPITRE 1

Il ne suffit pas de faire plus d'exercice pour perdre du poids, quoique cela y contribue assurément. Si vous éprouvez des difficultés à perdre du poids, je vais vous expliquer en détail ce que vous devez faire.

Le surplus de graisse nuit au corps de diverses façons. D'abord et avant tout, le surplus de graisse force le cœur à travailler beaucoup plus que ce pour quoi il est conçu. C'est lorsque le poids est satisfaisant que le travail du cœur est le plus efficace (autrement dit, il pompe plus et plus facilement), parce que, comme un moteur de voiture, sa taille est proportionnelle au corps qu'il habite. Ainsi, il ne vous viendrait pas à l'idée de mettre le moteur d'une Mini Cooper dans un camion seize roues; il en va de même pour le cœur.

Les personnes qui souffrent d'une surcharge pondérale et celles qui sont obèses courent plus de risques de souffrir d'une maladie cardiovasculaire que les autres. La surcharge pondérale contribue à l'hypertension artérielle (parce que le cœur doit pomper plus vigoureusement que la normale pour que le sang circule) et à l'athérosclérose (la graisse s'accumule le long des parois des artères, rétrécissant les vaisseaux et forçant ainsi le cœur à pomper plus vigoureusement).

Tout comme le cœur, les poumons doivent travailler encore plus fort chez les personnes dont le poids n'est pas satisfaisant. C'est la raison pour laquelle les personnes qui ne sont pas en bonne forme physique et celles qui sont trop grosses ont le souffle court lorsqu'elles montent les escaliers ou qu'elles prennent part à des activités sportives. Le cœur et les poumons ne peuvent pas gérer seuls le surplus de poids.

Par ailleurs, les personnes trop grosses et les obèses courent davantage de risques que les autres de souffrir de problèmes d'articulations, parce qu'encore une fois, tout comme pour le cœur et les poumons, les articulations sont proportionnelles à la taille du corps; elles fonctionnent mieux lorsqu'elles soutiennent une charge satisfaisante.

De façon générale, les personnes trop grosses et les obèses courent plus de risques de souffrir de diabète de type 2, maladie souvent causée par un excès de poids et de graisse. Lisez l'encadré ci-dessous pour en savoir plus.

Le vrai problème, en réalité, ce n'est pas le poids, c'est la graisse. Trop de tissus adipeux constitue un danger, tout autant sinon plus que le tabac (la question n'est pas encore tranchée quant à savoir lequel de ces deux problèmes de santé tue le plus de monde chaque année). Et l'un des facteurs qui remporte la guerre contre la graisse, c'est l'exercice. L'exercice, plus particulièrement les exercices de résistance, développe les muscles, ce qui fait de votre corps une machine anti-graisse! Par

L'EXERCICE, LE DIABÈTE ET LA RÉSISTANCE À L'INSULINE

Depuis quelques années, le diabète et la résistance à l'insuline semblent s'être propagés un peu partout dans les pays occidentaux développés. La majorité des chercheurs et des médecins pensent que les régimes alimentaires hypercaloriques et pauvres en éléments nutritifs associés à l'absence d'activités physiques sont les raisons pour lesquelles ces deux problèmes sont de plus en plus fréquents.

La résistance à l'insuline est une maladie silencieuse qui accroît les risques de souffrir du diabète et de troubles cardiaques. La première mesure à prendre lorsqu'on veut changer de style de vie — et ainsi se protéger du diabète et d'autres problèmes de santé — consiste à en savoir plus sur la résistance à l'insuline. Je dis que c'est une maladie silencieuse parce que lorsqu'on en est atteint, on éprouve une grande fatigue et on manque d'énergie sans savoir pourquoi.

Après un repas, les aliments se décomposent en glucose, un sucre simple, principale source d'énergie des cellules du corps. Les cellules ne peuvent cependant pas s'alimenter en glucose sans l'aide de l'insuline, une hormone sécrétée par le pancréas. L'insuline permet aux cellules d'absorber le glucose et de le transformer en énergie. Lorsque le pancréas ne sécrète pas suffisamment d'insuline ou que le corps ne peut pas utiliser l'insuline déjà présente, les cellules ne peuvent pas absorber le glucose. Le surplus de glucose s'accumule alors dans le sang, ouvrant ainsi la voie au diabète.

L'obésité ou la surcharge pondérale a des incidences sur la façon dont l'insuline remplit son rôle dans le corps. Le corps peut devenir résistant à l'insuline en raison de tissus trop adipeux, mais l'exercice peut alors faire échec à cette résistance et aider l'insuline à mieux faire son travail.

Si vous êtes résistant à l'insuline, vos cellules musculaires, vos cellules adipeuses et vos cellules hépatiques (celles du foie) n'absorbent pas correctement l'insuline. Le pancréas tente de compenser ce besoin d'insuline en en produisant plus. Il arrive alors que le pancréas ne s'adapte plus à la demande d'insuline émise par le corps ; s'ensuit une accumulation de glucose dans le sang. Bon nombre de personnes résistantes à l'insuline ont un taux très élevé de glucose dans le sang et en même temps, un taux très élevé d'insuline dans le sang.

Les personnes dont le taux de glucose dans le sang est plus élevé que le taux acceptable, mais qui n'ont pas encore atteint l'état diabétique, sont prédiabétiques. Si vous êtes prédiabétique, vous courez un plus grand risque de développer le diabète de type 2, autrefois appelé diabète de l'adulte ou encore diabète non insulinodépendant. Les recherches ont montré que la plupart des prédiabétiques finissent par souffrir du diabète de type 2, dans les dix ans suivant le premier diagnostic, à moins de perdre 5 à 7 pour cent de leur poids corporel — ce qui revient à 4,5 à 11 kg (10 à 15 lb) pour quelqu'un qui pèse 90 kg (200 lb)—, grâce à une légère modification de leur régime alimentaire et à un peu plus d'exercice physique. Les prédiabétiques courent également plus de risques de souffrir d'une maladie cardiovasculaire.

On définit parfois le diabète de type 2 comme le type de diabète qui se développe lorsque le corps réagit mal à l'insuline, alors que pour le diabète de type 1, c'est le pancréas qui est en cause puisqu'il ne sécrète plus du tout d'insuline. Dans un diabète de type 2, le pancréas est, au départ, en mesure de s'adapter à la demande croissante d'insuline émise par le corps. Mais vient alors un moment où il n'a plus la capacité d'en sécréter suffisamment lors de l'ingestion des aliments.

En raison de sa nature héréditaire — la résistance à l'insuline se transmet d'une génération à l'autre —, nous savons que les gènes sont en partie responsables de cet état. Le surplus de poids contribue aussi à la résistance à l'insuline : trop de tissus adipeux entrave la capacité des muscles à absorber l'insuline. Le manque d'exercice physique est un autre facteur de cette incapacité musculaire à utiliser correctement l'insuline.

L'une des meilleures solutions pour lutter contre tous ces problèmes, c'est bien sûr de faire de l'exercice. L'exercice fortifie le cœur (en l'aidant à pomper le sang plus efficacement) et les poumons (en accroissant leur capacité). Par ailleurs, l'exercice où entrent en jeu des sauts contribue à une meilleure santé des articulations et des os. L'exercice n'est cependant pas la seule solution à ces problèmes de santé ; il faut bien manger, apprendre à gérer son stress et acquérir d'autres saines habitudes de vie. Il n'en reste pas moins que les médecins sont d'avis que l'exercice est si efficace et si important qu'on l'a surnommé « le remède magique », celui qui guérit bon nombre de maladies et d'états de santé.

L'exercice qui signifie généralement un rythme cardiaque plus élevé et un mouvement musculaire à intensité élevée (ce qui revient à dire tout simplement que la respiration devient haletante et les muscles font plus d'efforts que lorsqu'ils sont au repos) donne de bons résultats parce qu'il modifie la manière dont le corps libère les hormones, notamment l'insuline. Plus le corps assure correctement la régulation d'hormones et moins vous courez le risque d'être aux prises avec des problèmes de poids.

ailleurs, lorsque vous galbez les muscles, vous ne devenez pas nécessairement très musclé et volumineux. Les muscles des femmes s'allongent et s'affinent, mais il est très rare en réalité que leurs muscles deviennent volumineux. Généralement, si vous voyez une femme «volumineuse», c'est parce qu'elle a beaucoup trop de graisse autour des muscles.

Manger pour perdre du poids et de la graisse

La plupart des gens pensent que la nourriture est l'ennemi numéro un de la perte de graisse. Ils se disent: « Si seulement, je pouvais manger moins, alors, je pourrais perdre du poids. » Ce n'est pas vrai. Manger ne s'oppose pas à perdre de la graisse; manger mal s'oppose à perdre de la graisse. L'un des éléments primordiaux pour perdre du poids et de la graisse, c'est de bien manger. Les athlètes ne se privent pas de nourriture, ils élaborent avec un diététicien un programme alimentaire qui non seulement leur permettra de rester en forme et mince, mais également d'obtenir d'excellents résultats physiques. C'est pourquoi au lieu de manger comme quelqu'un qui suit un régime, il vaut mieux manger comme les athlètes. Ou, à tout le moins, comme quelqu'un en santé et actif.

Pour y parvenir, il faut penser à deux choses:

- il faut manger des aliments complets;
- les portions doivent être normales.

Vous remarquerez que je ne vous dis pas de penser aux aliments qu'il ne faut pas manger. Je suis convaincue que lorsqu'on s'impose des restrictions alimentaires, ce que font la plupart des régimes alimentaires, on n'obtient pas de résultat positif. En revanche, à l'aide de ces deux règles, votre régime alimentaire sera la plupart du temps sain et efficace (autrement dit, votre poids atteindra un niveau satisfaisant et vous serez assuré d'obtenir tous les éléments nutritifs nécessaires). Analysons ces deux règles de plus près:

ALIMENTS COMPLETS

- dix fraises trempées dans du chocolat plutôt que deux sucreries aux fraises
- un verre de vin rouge plutôt qu'une boisson gazeuse sans sucre
- un steak de 90 g (3 oz) et une pomme de terre en robe des champs plutôt qu'un repas surgelé

Les aliments complets sont tous ces aliments que l'on peut décrire comme ayant été cultivés, élevés, chassés ou abattus. Les fruits, les légumes, les viandes, le poisson et même le vin et le chocolat font partie de ce groupe alimentaire. Les aliments qui ne sont pas complets sont tous ces aliments qui ont été fabriqués ou transformés et dont la liste d'ingrédients englobe des produits chimiques ou des agents de conservation. Une pomme de terre est un aliment complet, de même que les frites maison. Les frites fabriquées à partir de fécule de pomme de terre, de monoglycérides, de diglycérides et de pommes de terre ne constituent pas un aliment complet. Les pommes de terre en sachet ont été transformées, il ne s'agit pas d'un aliment complet.

Le problème avec les aliments fabriqués et transformés, c'est qu'ils ne sont pas aussi nutritifs que les aliments complets. Les frites fabriquées en usine par exemple n'ont pas les fibres, les vitamines, ni les minéraux que contient une vraie pomme de terre. De plus, ces mêmes frites contiennent plus de gras, fort probablement des gras saturés pas très sains.

Même si vous glissiez au four une pomme de terre et que vous versiez de la crème sûre (crème aigre) (aliment complet) dessus, vous finiriez tout de même par avaler moins de calories, et davantage de calories nutritives, qu'en mangeant des frites transformées.

Je vais vous donner un autre exemple, un peu plus poussé : des morceaux de carotte avec vinaigrette à la crème par opposition à des bretzels.

Voici la composition nutritive de 250 g (2 tasses) de carottes et de 30 ml (2 c. à soupe) de vinaigrette à la crème maison (mélange de mayonnaise et de babeurre) : 75 calories pour les carottes et 75 calories pour la vinaigrette. Les carottes fournissent presque quatre grammes de fibres, une énorme quantité de vitamine A, une bonne dose de vitamine C, de l'acide folique et autres vitamines B, et une bonne quantité de minéraux, comme le zinc et le calcium. Il y a beaucoup de calories et de matières grasses dans la mayonnaise, mais ajoutée aux carottes, la collation ne représente que 150 calories. Elle est d'autre part nutritive et calme bien la faim quand on a un petit creux.

En revanche, les bretzels ont autant de calories que les carottes, un quart des fibres et seulement 1 % des éléments nutritifs nécessaires pour vous soutenir tout au long de la journée (si la quantité d'acide folique qu'ils renferment est intéressante, c'est parce que la farine avec laquelle ils ont été faits a été enrichie ; mais ils en ont beaucoup moins que les carottes). Et puis, soyons francs : 125 g (1 tasse) de bretzels vous laissent encore sur votre faim.

Ce que j'essaie de vous montrer, c'est que même si vous avez avalé des matières grasses en mangeant des carottes, ce remontant est tout de même plus nutritif que les bretzels. Vous pouvez toujours tremper vos carottes dans une trempette aux pois chiches ou dans du yogourt maigre, ce qui est encore meilleur pour la santé (plus de protéines, moins de matières grasses).

Vous pouvez faire cette expérience avec les aliments « pauvres » que vous préférez (je le répète, un aliment pauvre est un aliment qui a été transformé ou fabriqué). Pensez plutôt à choisir un aliment complet (steak plutôt que mortadelle ; saumon plutôt que bâtonnets de poisson ; raisin plutôt que glace à l'eau), et cherchez à savoir quels aliments ont davantage de vitamines, de minéraux et de fibres, mais moins de calories et de matières grasses non souhaitables – ce sont là les caractéristiques d'aliments complets par opposition aux aliments transformés.

PORTIONS NORMALES

Le corps humain a besoin d'un nombre précis de calories pour fonctionner convenablement, que ce soit travailler derrière un bureau, courir le long de la plage, jouer à cache-cache avec les enfants ou apprendre une nouvelle chose. Le mot calorie est synonyme d'énergie, et chaque corps a besoin d'un certain nombre de calories pour gérer son énergie.

En Occident, la plupart d'entre nous bénéficions d'un vaste choix alimentaire ; ces choix sont souvent délicieux, mais ils ne sont pas nécessairement nutritifs. Et si vous mangez trop d'aliments

BONNES GRAISSES, MAUVAISES GRAISSES

J'ai mentionné à plusieurs reprises les bons gras, les mauvais gras et les gras saturés ; je vous explique en quoi consiste une matière grasse, ce qui fait qu'elle est bonne ou mauvaise, et comment la mettre à contribution en appliquant les deux règles d'alimentation (aliments complets et portions normales).

Pendant très longtemps les diététiciens étaient convaincus que le secret d'une bonne santé cardiaque résidait dans la diminution des graisses avalées. Ils savent maintenant qu'il y a (à défaut d'autres mots) de bons gras et de mauvais gras.

Les bons gras sont des matières grasses monoinsaturées ; elles prennent la forme de poisson, d'avocat ou de noix. Les mauvais gras sont les matières grasses saturées ; on les retrouve dans les viandes et les produits laitiers. C'est pourquoi vous devriez manger des viandes maigres et des produits laitiers faibles en gras.

Et finalement, il y a une autre matière grasse, la pire. On la désigne sous l'appellation « partiellement hydrogénée » et on ne la retrouve que dans les aliments transformés (ce n'est pas une composante naturelle d'un aliment). Cette matière a été chimiquement modifiée pour que l'aliment auquel elle est ajoutée ait une plus longue durée de conservation. Si en lisant la liste des ingrédients d'un produit, vous découvrez sa présence, ne l'achetez pas.

transformés, vous aurez quand même envie de manger quelque chose de nutritif. C'est la raison pour laquelle vous pouvez dévorer un sachet de croustilles et avoir encore faim, alors qu'en dégustant une soupe au brocoli, vous éprouvez un sentiment de satiété.

L'autre raison pour laquelle vous éprouvez ce sentiment de satiété en avalant des aliments sains, c'est parce qu'ils contiennent beaucoup d'éléments nutritifs. De nombreux aliments sains, surtout les fruits et les légumes, contiennent beaucoup d'eau et de fibres. Ils remplissent l'estomac, mais ne contiennent pas beaucoup de calories.

L'estomac est de la taille de vos deux poings (faites deux poings, puis, collez les doigts repliés des deux mains ensemble). Assez petit n'est-ce pas ? Par conséquent, lorsque vous planifiez vos repas (et vous devriez réellement les planifier), pensez aux aliments nutritifs qui rempliront ce petit espace. Vous vous rendrez vite compte que deux poignées de protéines maigres, de légumes frais et une portion de céréales complètes constituent la meilleure alimentation.

Et puis, quand c'est l'heure du dessert, essayez de n'en prendre qu'une bouchée ou deux (c'est vraiment suffisant) pour satisfaire votre envie psychologique. Votre estomac sera suffisamment rempli après le repas, il n'aura plus de place pour un gros morceau de gâteau.

Et pour finir

Si vous mangez des aliments complets, vous aurez moins tendance à vous servir de grosses portions et à avaler trop de calories. Si vous faites attention aux portions, vous consommerez moins de calories, et vous aurez également moins tendance à choisir des aliments pauvres (les aliments complets ont plus de volume et moins de calories).

Il est vrai que de nombreuses personnes doivent faire attention à la quantité de sucre et de matières grasses qu'elles avalent, mais en choisissant d'avaler des aliments complets et en faisant attention aux portions, vous serez moins enclin à consommer des aliments riches en matières grasses et en sucre.

En réalité, le tout forme un grand cercle, une action saine en entraîne une autre, et si vous ne déviez pas, tout se passera pour le mieux.

Comment faire ces exercices

CHAPITRE 2

Ce livre est la synthèse (et également le prolongement) de l'un des cours que j'enseigne, un cours très populaire qui fait appel à plusieurs types d'exercices avec un ballon. L'entraînement que je propose dans ce cours est un entraînement par intervalles, qui s'appuie sur le ballon pour effectuer des exercices cardiovasculaires, des exercices de résistance, de coordination, d'équilibre et de souplesse. Tout ce que nous faisons au cours se fait à l'aide du ballon, nous ne le laissons jamais de côté.

Le cours commence toujours par un réchauffement cardiovasculaire de cinq minutes pour permettre au corps de se réchauffer et aux muscles de se relâcher. Ensuite, nous faisons quelques étirements.

Puis nous effectuons des exercices de résistance pour développer le bas du corps, et par la suite, le haut du corps. Nous reprenons des exercices cardiovasculaires, avec des mouvements inspirés de la danse ; le ballon peut alors être tenu à la hauteur de la poitrine, au-dessus de la tête ou se déplacer autour du corps. Nous revenons à des exercices de résistance ; le ballon peut parfois servir de résistance, mais il peut également servir au maintien de l'équilibre. Nous nous asseyons sur le ballon, il nous accompagne dans les pas de danse ; nous nous y appuyons ; nous nous y allongeons ; et nous pouvons y poser toutes les parties de notre corps. Nous utilisons aussi des haltères, accessoires qui permettent vraiment de renforcer les muscles.

Pendant toute la durée du cours, nous stimulons les muscles stabilisateurs à l'aide de mouvements qui nécessitent des déplacements latéraux, des mouvements d'avant en arrière ou de haut en bas. Le changement de direction de ces mouvements aide non seulement à brûler des calories, mais également à faire en sorte que le programme soit bien équilibré pour que tous les muscles du corps s'allongent et s'amincissent. Avec les exercices que je vous propose, vous ne verrez pas le développement excessif d'un groupe musculaire par rapport à un autre, et vous ne favoriserez pas non plus une direction de mouvement plutôt qu'une autre, ce qui est fréquemment le cas dans les levers de poids traditionnels.

Ce qu'il vous faut

UN BALLON

Quelle taille de ballon devriez-vous vous procurer ? Voici quelques indications approximatives : si vous mesurez entre 1 m 48 et 1 m 62 (4' 11" et 5' 4"), vous devriez vous procurer un ballon de 55 cm (22"). Si vous mesurez entre 1 m 64 et 1 m 79 (5' 5" et 5' 11"), il vous faut un ballon de 65 cm (26"). Si vous mesurez 1 m 82 (6') ou plus, procurez-vous un ballon de 75 cm (30").

Le rapport ballon/taille est approximatif. Si vous êtes entre deux tailles, par exemple entre 1 m 57 et 1 m 64 (5' 2" et 5' 5"), vous pouvez opter pour l'une ou l'autre taille de ballon. Il faut également tenir compte des autres particularités de votre corps (telles que le poids) et de la façon dont vous désirez utiliser le ballon.

Il est aisé de gonfler le ballon d'air. Le moyen le plus simple consiste à vous procurer une pompe à air manuelle lorsque vous achetez le ballon (la pompe est souvent vendue en option). Gonfler le ballon ne prend alors que peu de temps. Lorsque le ballon vous est livré, voici ce qu'il faut faire : ouvrir la valve, gonfler le ballon et refermer la valve.

Si vous le désirez, vous pouvez également vous rendre dans une station-service près de chez vous et utiliser la pompe à air comprimé pour gonfler le ballon.

Si celui-ci se salit, lavez-le à l'aide d'un linge doux, avec de l'eau savonneuse tiède.

DE LA MUSIQUE

Pour que le programme d'exercice soit dynamique et amusant, je vous recommande de faire jouer vos airs favoris. J'ai un faible pour J. Lo et Ricky Martin, mais vous pouvez exécuter ces mouvements sur n'importe quelle musique rythmée.

Pendant mes cours, je fais jouer de la musique latino-américaine, tellement énergique. Les nombreux pas que je vous propose sont adaptés à ces rythmes rapides ; c'est la raison pour laquelle je leur ai donné un nom inspiré des pas de danse, « Mambo », « Cha-cha-cha », etc. Je vous recommande toutefois de faire jouer la musique qui vous transporte et qui vous pousse à bouger. J'adore Ricky Martin et Jennifer Lopez, mais si c'est le rock qui vous électrise, alors, n'hésitez pas à en

MA MUSIQUE

Voici les CD que je fais jouer en boucle pendant mes cours. Vous remarquez que nous passons d'un rythme très énergique (Ricky Martin et les Gypsy Kings) à un rythme doux et paisible (la série Buddha Bar).

- Cafe Zinho Afternoons – *Frequent Flyer Rio de Janeiro*
- Buddha Bar VII – *Sunangi*
- Buddha Bar VII – *Sarod*
- Buddha Bar VI – *Dinner*
- Time for Peace – *The World Peace 2000*
- Mantra Girl – *Truth*
- Ricky Martin – *Sound Loaded, Ricky Martin*
- Yoga Zone – *Music for Yoga Practice*
- DJ Nia – *Global Unity*
- The Gipsy Kings – *Compass*
- Madonna – *Ray of Light, Immaculate Collection, Confessions on a Dance Floor*
- Jennifer Lopez – *Let's Get Loud, This is Me...Then, J.Lo, The Reel Me, Rebirth*
- Christina Aguilera – *Christina Aguilera*

faire jouer pendant votre séance. Vous aurez peut-être envie de créer votre propre compilation de façon à écouter une musique au rythme plus lent pendant que vous soulevez des poids ou effectuez des exercices abdominaux, et une musique plus dynamique pendant les mouvements cardiovasculaires.

DES HALTÈRES

Il vous faut aussi des haltères. Pour la réalisation de ce livre, je me suis servie d'haltères de 2 kg (5 lb) mais pour certains exercices (surtout ceux qui font travailler les biceps et les muscles des épaules), vous souhaiterez peut-être soulever des poids un peu plus légers. À mesure que vous progressez, vous devriez être en mesure de soulever des poids de 2 kg (5 lb).

Pour les exercices qui ciblent les plus gros muscles (ceux des jambes et du dos), il est possible de soulever des poids plus lourds, de 3,5 à 4,5 kg (8 à 10 lb). C'est à vous de décider. Certaines personnes n'aiment pas avoir à changer de poids pendant une séance d'exercice, opération qui peut se révéler fastidieuse. D'autres, au contraire, peuvent s'exercer en ayant deux séries d'haltères sous la main.

ENFIN ET SURTOUT

Il vous faudra également un tapis si vous ne souhaitez pas vous allonger directement sur le sol. Par ailleurs, tous les exercices que nous effectuons dans mes cours se font sans chaussures, mais si vous vous sentez plus à l'aise avec des chaussures de sport aux pieds, n'hésitez pas à les chausser.

Les exercices cardiovasculaires

CHAPITRE 3

1 Étirement avant, genou en équilibre sur le ballon

① Debout, posez le dessus du pied droit sur le ballon placé derrière vous. Restez dans cette position pendant 20 secondes.

② Faites rouler le ballon vers l'avant et vers l'arrière, tout en maintenant le genou droit tendu ; puis fléchissez la jambe gauche de façon à effectuer une fente avant.

Répétez l'exercice en inversant la jambe. Faites une autre série de mouvements en alternant les jambes.

Le maintien de l'équilibre ne permet pas de brûler beaucoup de calories, mais il accentue l'apparence de la silhouette. Quand vous êtes en mesure de vous tenir en équilibre, c'est fort probablement que vos muscles stabilisateurs sont puissants. Les muscles stabilisateurs sont petits et profonds ; on ne peut les développer qu'en effectuant, à proprement parler, des exercices d'équilibre. On sait que quelqu'un a des muscles stabilisateurs bien développés quand on le regarde marcher : sa posture est bonne et il marche d'un pas égal et vif.

« Cha-cha-cha » et « Mambo »

2

(1) Debout, les pieds joints. Tenez le ballon à la hauteur de la poitrine ; les épaules doivent être détendues, le torse allongé, les abdominaux légèrement contractés.

(2) Avancez légèrement le pied droit ; déplacez le poids du corps sur ce pied. Puis, très rapidement, déplacez le poids du corps sur le pied gauche ; ensuite, de nouveau sur le pied droit. À présent, avancez le pied gauche, en y déplaçant le poids du corps. Puis, très rapidement, replacez le poids du corps sur le pied droit, et de nouveau, sur le pied gauche.

Les jambes des danseurs sont superbes, et ce, pour plusieurs raisons. D'abord, en se déplaçant constamment lorsqu'ils dansent, ils brûlent beaucoup de calories. Ensuite, les mouvements qu'ils exécutent avec leurs jambes, mouvements de résistance et d'étirement, sont nombreux et se dirigent dans tous les sens. Les mouvements conjugués de contraction et de décontraction développent les muscles et brûlent des calories, ce qui affine et galbe ces muscles. Si jamais vous disposez de cinq minutes ou d'une heure, faites jouer votre musique préférée, et commencez à danser : il s'agit assurément de l'un des meilleurs exercices à effectuer.

3 Pas de tango, ballon au-dessus de la tête

(1) Debout. Reculez d'un pas pour que le pied droit soit derrière la jambe gauche ; les cuisses sont serrées et se touchent presque (cette position devrait ressembler à la démarche sexy d'un mannequin). Tenez le ballon devant la poitrine.

C'est l'intensité du mouvement qui permet d'éliminer les calories. Une fois que vous maîtrisez bien ce mouvement, vous pouvez essayer d'en augmenter l'intensité en déplaçant plus « amplement » le corps, c'est-à-dire en étirant les bras plus longtemps et en levant le genou plus haut à mesure que vous vous déplacez.

(2) Avancez le pied droit ; poussez sur la pointe du pied et soulevez le ballon au-dessus de la tête sans lever les épaules. En soulevant le pied pour avancer, tournez les hanches vers la gauche, de façon à sentir une légère résistance dans la hanche droite et dans le muscle oblique droit.

(3) À présent, recommencez l'exercice avec le pied gauche en tournant les hanches vers la droite. Faites 4 à 8 pas vers l'avant ; puis reculez. Faites l'exercice 4 fois ou pendant une minute environ.

Déplacement latéral et ballon sur le côté

4

(1) Debout, les pieds joints. Tenez le ballon devant le bas du torse, les épaules détendues, le corps allongé.

(2) Faites un pas sur le côté avec le pied droit, puis amenez le pied gauche vers le pied droit. Refaites le mouvement une deuxième fois, mais cette fois-ci, déplacez les bras et le ballon vers la droite. Vous devriez ressentir une extension sur le côté droit qui s'incurve. Répétez l'exercice avec le pied gauche.

Faites l'exercice en alternant les pieds, pendant une bonne minute.

5 Déplacement latéral, torsion avec ballon

(1) Debout, les pieds écartés dans le prolongement des hanches. Tenez le ballon devant le torse.

(2) Faites un pas vers la droite avec le pied droit ; ramenez le pied gauche vers le pied droit ; faites de nouveau un pas vers la droite et ramenez le pied gauche vers le pied droit, tout en déplaçant le ballon vers la droite, puis vers le haut, de façon à exécuter une torsion vers la droite.

(3) Lorsque vous reposez le pied, le ballon devrait être au-dessus de la tête et le torse tourné vers la droite.

Faites l'exercice en alternant les pieds, pendant une bonne minute.

Mouvements circulaires au-dessus de la tête avec le ballon

6

1. Debout, les pieds joints. Levez le ballon au-dessus de la tête et maintenez-le ainsi pendant la durée de l'exercice.
2. Deplacez le pied droit vers la droite. Déplacez le pied gauche pour qu'il soit derrière le pied droit. Déplacez le pied droit vers la droite.
3. En exécutant cette deuxième partie du mouvement, décrivez un cercle avec le ballon, au-dessus de la tête, de façon à tourner le torse en vous déplaçant.

Faites l'exercice 8 fois en alternant les pieds et en enchaînant les mouvements.

Dans les exercices cardiovasculaires, on ajoute un élément nouveau au mouvement précédent de façon à créer une séquence (c'est d'ailleurs ce que font les danseurs). Donc, si vous vous sentez perdu ou si vous éprouvez des difficultés à passer d'un mouvement à l'autre, il n'y a pas lieu de vous inquiéter. Revenez tout simplement au mouvement que vous pouvez exécuter sans difficulté, et refaites-le avec intensité et entrain. Vous brûlerez assurément des calories.

③

7 Position allongée sur le ventre, mains sur le ballon

1. Posez les deux mains sur le dessus du ballon au sol, la pointe des pieds touche le sol ; le corps est incliné du sommet de la tête à la pointe des pieds. Assurez-vous que les épaules sont bien distantes des oreilles, que le dos est allongé et droit, et que les coudes sont pliés le long du corps. Expirez profondément.

2. À mesure que vous inspirez, relevez la poitrine de façon à ce que le dos se cambre naturellement et s'allonge. Ne levez pas les épaules et ne comprimez pas le bas de la colonne vertébrale en relevant la poitrine trop haut. Il faut que le corps soit bien allongé, que son incurvation soit élégante et agréable. Restez dans cette position pendant 5 cycles de respiration (un cycle est composé d'une inspiration et d'une expiration). Revenez ensuite vers le ballon. Recommencez l'exercice autant de fois que vous le souhaitez, en faisant très attention, chaque fois, à ce que la colonne vertébrale soit bien allongée.

Ce mouvement ressemble beaucoup à la position yogique du Cobra. Prenez donc le temps de bien respirer tout au long de l'exercice, et de bien vous détendre. Ce mouvement est excellent pour étirer la colonne vertébrale et dégager la poitrine.

Position allongée sur le ventre, lever jambes fléchies

8

① Allongez-vous sur le ballon posé au sol. Posez les avant-bras sur le sol, les mains jointes. Avancez en faisant rouler le ballon vers l'avant, de façon à ce que le corps soit incliné, que les jambes forment un angle. Pliez les genoux et dirigez la pointe des pieds vers le haut. Assurez-vous d'allonger le cou et de garder le dos bien droit.

② Tout en gardant les jambes serrées, décollez-les du ballon et soulevez-les. L'ampleur du mouvement n'est pas très grande, mais vous sentirez l'étirement des muscles fessiers. Ne bougez pas le dos lorsque vous fléchissez les jambes, l'impulsion du mouvement doit venir des hanches.

Mangez davantage de fibres. Tout comme l'eau, les fibres contribuent au sentiment de satiété. Elles permettent au corps de maintenir un taux de glycémie stable. Le riz complet, les grains entiers et les légumineuses contiennent de bonnes fibres.

9 Position allongée sur le ventre, mouvement circulaire des jambes

(1) Allongez-vous sur le ballon au sol de façon à y poser le ventre, les hanches et le haut des cuisses. Les mains sont au sol, devant le ballon. Les jambes et la pointe des pieds sont tendues. Le dos est en position neutre, le cou est allongé, les abdominaux sont contractés.

(2) Levez la jambe gauche et déplacez-la en décrivant un petit cercle : d'abord, vers le bas puis vers la gauche, ensuite vers le haut et, de nouveau, vers le bas. Prenez le temps de bien stabiliser les hanches pour ne pas vous laisser entraîner par l'élan du mouvement. Aucune autre partie du corps ne doit bouger. L'impulsion du mouvement doit provenir de la hanche pour empêcher que la jambe n'effectue un grand cercle.

Faites l'exercice 8 fois, puis recommencez avec l'autre jambe.

Si vous devez sortir et que vous vous sentez ballonné ou tout simplement en manque d'énergie, effectuez une des routines d'exercices de cinq minutes que je vous propose à la fin de ce livre. Après avoir bougé vigoureusement, votre corps sera dynamisé et votre état d'esprit retrouvera le beau fixe grâce à l'énergie que vous aurez déployée.

Poitrine allongée sur le ballon, extension du dos

10

(1) Allongez-vous sur le ballon, de façon à ce que les hanches soient posées sur le dessus du ballon. Le haut du corps est ainsi plié sur le ballon, les abdominaux sont contractés. Posez le revers des mains sur le front ; le bout des doigts se touchant, le cou est allongé et les épaules sont détendues.

(2) Tout en gardant le torse allongé, soulevez le haut du corps de façon à le décoller du ballon. Poussez vers le haut sans cambrer le dos.

Revenez à la position de départ.

Cet exercice permet de renforcer le bas du dos. Il est excellent si vous passez beaucoup de temps assis derrière un bureau ou dans une voiture. Si vous éprouvez une douleur dans le bas du dos, vous pouvez essayer de vous allonger sur le ventre, le bas du dos au centre du ballon. Les hanches, les jambes et le haut du corps sont suspendus, laissant le ballon soutenir complètement votre corps. Le haut et le bas du corps jouent le rôle de poids qui étirent le bas du dos. (Vous pouvez effectuer l'exercice en position inverse, c'est-à-dire vous allonger sur le dos pour étirer les abdominaux et la poitrine.)

11 Poitrine allongée sur le ballon, extension du dos et des bras

(1) Allongez-vous sur le ventre sur le dessus du ballon au sol. Le dos est bien droit et votre corps forme une ligne droite de la tête aux pieds. Posez le revers des mains sur le front, le bout des doigts se touchant, et assurez-vous que le cou est bien allongé et les épaules détendues.

(2) Le torse bien allongé, soulevez le haut du corps de façon à le décoller du ballon, et poussez vers le haut sans cambrer le dos. Une fois que vous vous êtes relevé, tendez le bras gauche et tournez-vous légèrement vers la gauche. N'effectuez pas de rotation, tournez-vous légèrement.

Revenez à la position de départ, et répétez l'exercice avec le bras droit.

« Mambo » et rotation du ballon

12

1. Debout, sur le côté. Tenez le ballon devant le torse.

2. Avancez le pied droit ; placez tout le poids du corps sur la jambe droite tout en baissant le ballon vers la gauche, à la hauteur des hanches de façon à ce que le torse ressente une légère résistance en se tournant.

3. Reculez la jambe droite tout en ramenant le ballon vers la droite, puis, au-dessus de la tête. La torsion du buste change alors de direction.

Assurez-vous de manger après avoir effectué de l'exercice physique. Il vaut mieux manger des aliments à forte teneur en protéines (un œuf dur, une tranche de fromage à pâte dure ou une tranche de dinde) ainsi que des glucides complexes (une pomme, des raisins secs ou des baies). Cela permettra au corps de rétablir son taux de glycémie et vous ne vous sentirez pas fatigué. Les protéines permettent de développer les muscles et de maintenir un taux élevé de glycémie plus longtemps que si vous aviez seulement mangé des glucides.

13 Surplace, ballon devant la poitrine

(1) Debout, les pieds joints, les épaules bien distantes des oreilles, le ballon dans les mains. Levez le pied comme si vous alliez avancer, en pliant bien le genou ; le ballon doit être toujours devant vous. Gardez la poitrine bien dégagée.

Faites l'exercice 16 fois en alternant (8 fois par jambe).

Le surplace est un excellent exercice à faire en regardant la télévision. C'est difficile à croire, mais si vous faites du surplace pendant une demi-heure, vous aurez parcouru l'équivalent de 2,5 à 3 km (cela dépend de votre foulée et de votre vitesse). N'écartez donc pas ce type d'exercice en pensant que vous perdez votre temps. Vous pouvez brûler 150 calories et modifier l'apparence de votre corps en faisant du surplace !

Surplace, ballon au-dessus de la tête

14

1. Debout, les pieds joints, les épaules bien distantes des oreilles, le ballon dans les mains.

2. Levez le pied comme si vous alliez avancer, pliez le genou tout en soulevant le ballon au-dessus de la tête et en le ramenant vers la poitrine. Cet exercice vous permettra d'accélérer encore plus votre rythme cardiaque.

Faites l'exercice 16 fois en alternant (8 fois par jambe).

Êtes-vous en train de regarder la télévision et de faire du surplace ? Utilisez le ballon pour faire vos exercices. Vous pouvez le soulever au-dessus et autour de la tête, le déplacer tout autour de vous pendant que vous faites du surplace, ou alors, vous en servir pour faire d'autres exercices pendant les pauses publicitaires. Jetez un coup d'œil aux séries d'exercices de cinq minutes (dès la page 165), ils sont parfaitement adaptés à ces pauses.

2

15 Surplace et rotation du ballon

(1) Debout, les pieds joints, le ballon devant le torse.

(2) Faites du surplace tout en vous tournant légèrement sur le côté lorsque vous faites un pas. Vous devriez ressentir un léger étirement et une légère contraction des muscles abdominaux latéraux (les obliques). Les épaules doivent être détendues et le torse allongé.

Faites l'exercice 16 fois (8 fois par jambe).

Pliés assis, ballon entre les jambes

16

(1) Debout, le ballon posé au sol et entre les jambes, les mains sur les hanches. Baissez le corps de façon à effectuer un plié, le ballon servant de repère aux cuisses.

(2) Touchez le ballon des cuisses sans vous asseoir, l'arrière des cuisses ne s'y appuyant qu'une seconde, puis relevez-vous. Baissez-vous en comptant jusqu'à deux, et relevez-vous en comptant jusqu'à deux.

Faites l'exercice 16 fois.

Cet exercice aidera beaucoup à tonifier l'intérieur des cuisses. En voici un autre que vous pouvez effectuer en regardant la télévision ou dans votre lit : allongez-vous sur le dos, les jambes levées. Croisez et décroisez les jambes, devant et derrière. Vous pouvez effectuer cet exercice sur un rythme rapide. Les jambes doivent être tendues, bien allongées ; la pointe des pieds tendue ou fléchie. Vous devriez ressentir les effets de l'exercice à l'intérieur des cuisses.

17 Pas latéral et rotation du ballon

(2)

(1) Debout, les pieds joints, le ballon dans les mains.

(2) Faites un pas avec le pied droit vers la droite, puis amenez le pied gauche de façon à ce qu'il touche le pied droit, tout en tournant le haut du corps et le ballon vers la droite.

Recommencez l'exercice avec le pied gauche. Si c'est possible, essayez de sauter d'un côté à l'autre ou de lever les genoux à mesure que vous vous déplacez, pour accélérer le rythme cardiaque.

Faites l'exercice 16 fois en alternant (8 fois par côté).

Une fois que vous vous serez habitué à effectuer ces mouvements, rien ne vous empêche d'en augmenter l'intensité, soit en prolongeant la séquence, soit en les modifiant comme bon vous semble. Un des plaisirs du ballon, c'est qu'il vous permet justement d'être inventif et de vous dépasser.

« Mambo » latéral et ballon levé

18

1. Debout, les pieds joints, le ballon légèrement en biais devant vous. Avancez le pied droit puis, très rapidement, avancez le pied gauche et placez tout le poids du corps sur ce pied. Reculez le pied gauche et replacez très rapidement tout le poids sur le pied droit.

2. À mesure que vous effectuez ces mouvements, baissez le ballon à la hauteur du genou.

3. En effectuant le dernier pas, ramenez le ballon à la hauteur de l'épaule. Le déplacement du ballon et du torse doit être souple pour donner l'impression de danser le mambo.

Faites l'exercice 16 fois par jambe.

19 Pliés et rotation latérale du ballon

(1) Debout, les pieds largement écartés, les orteils tournés vers l'extérieur, les hanches dans le prolongement des épaules (autrement dit, les fesses ne ressortent pas et le bassin n'est pas projeté vers l'avant). Fléchissez les genoux de façon à effectuer un plié, en vous assurant de pouvoir voir les orteils devant les genoux.

(2) En vous baissant pour fléchir les genoux, déplacez le ballon vers la droite et tournez le torse. Les hanches ne doivent pas bouger. Le grand droit de l'abdomen, les obliques et le transverse doivent effectuer une torsion.

Revenez au centre; puis recommencez l'exercice en déplaçant le ballon et le torse vers la gauche.

Faites l'exercice 8 fois de chaque côté.

Les exercices avec un ballon constituent un excellent moyen de faire participer les enfants au conditionnement physique. On peut installer un bébé et le tenir sur le sommet du ballon et le faire rouler, il s'amusera follement. Un enfant un peu plus grand adorera faire rouler le ballon sur la pelouse. En grandissant, il essaiera de s'asseoir en équilibre sur le ballon. Vous pouvez dégonfler le ballon pour qu'il corresponde à la taille de l'enfant.

20

Fente latérale, ballon baissé

① Debout, les pieds joints, le ballon devant le torse. Faites un pas sur le côté avec le pied droit pour effectuer une fente latérale. Baissez le ballon et amenez-le vers la droite.

② Assurez-vous que le genou droit ne dépasse pas les orteils du pied droit. Revenez au centre, puis refaites le mouvement en faisant un pas sur le côté gauche. Ce mouvement est difficile, ne soyez donc pas surpris si vous l'effectuez plus lentement que les autres.

Faites l'exercice 16 fois en alternant (8 fois par côté).

La santé du cœur est évaluée selon la vitesse à laquelle il récupère après avoir été soumis à des exercices difficiles et selon le degré de récupération. Si vous éprouvez des difficultés à retrouver votre souffle après un exercice cardiovasculaire ou si votre cœur bat encore très vite dix minutes après que votre corps a ralenti, consultez un médecin.

21 Pas latéral et rotation du ballon

(1) Debout, les pieds joints, le ballon devant le torse, les genoux légèrement fléchis. Faites un pas sur le côté avec le pied droit, et amenez le ballon vers la gauche.

(2) En ramenant le ballon vers la droite, faites un pas vers la gauche.

Faites l'exercice 16 fois en alternant (8 fois par côté).

Tapotement du pied et torsion-rotation

22

(1) Debout, les pieds écartés de façon à dépasser les hanches, le ballon devant le torse. Portez le corps vers la gauche sans effectuer de fente. Pliez le genou et levez le ballon tout en levant la jambe droite aussi haut que vous le pouvez sans éprouver de douleur ; le genou droit doit être légèrement fléchi et vous devez sentir un étirement dans les hanches. À présent, tapotez le sol du pied, en exécutant un cercle autour de vous, pour effectuer une rotation.

Ce mouvement est excellent pour galber la jambe. Il développe les ischio-jambiers (l'arrière des cuisses), les quadriceps (le devant des cuisses), les glutéaux (les fesses) et les mollets. Il donne de bons résultats parce que tout le poids du corps se pose sur une jambe. Les travaux de recherche ont montré que les exercices d'accroupissement sur une jambe sont les plus efficaces pour galber les jambes et raffermir les fesses.

23 Tapotement du pied en position latérale et rotation du ballon

(2)

(1) Debout, le ballon devant le torse, les pieds écartés dans le prolongement des épaules. Faites un grand pas sur le côté, avec le pied droit, en pliant bien le genou sans pour autant effectuer un plié. Le rythme de ce mouvement est rapide. Ne posez pas tout le poids du corps sur les pieds qui doivent être légers pour pouvoir vous déplacer rapidement.

(2) En déplaçant la jambe sur le côté, tournez le torse dans la direction opposée à cette jambe. Contractez bien les abdominaux de façon à ressentir l'effet du mouvement jusque dans les muscles obliques. Vous le ressentirez également dans les cuisses (devant et derrière) et dans les fesses.

Faites l'exercice 16 fois en alternant (8 fois par côté).

Ce mouvement est un pas de danse, alors détendez-vous et suivez le rythme, rapidement. Ne vous préoccupez pas de savoir si vous faites le mouvement correctement ou non, laissez-vous aller au rythme de la musique et bougez en décrivant un cercle.

Pas chassé latéral, ballon au-dessus de la tête

24

(1) Debout, les pieds joints, le ballon devant le torse. Faites un saut de chat vers la droite (c'est-à-dire faites un pas vers la droite, amenez le pied gauche vers le pied droit ; puis refaites un pas vers la droite très-rapidement). Tout en effectuant ce mouvement, décrivez un cercle avec le ballon en le déplaçant vers le haut, et ensuite, au-dessus de la tête. Lorsque vous effectuez le dernier pas de ce mouvement, le ballon doit être au-dessus de la tête et la jambe gauche tendue sur le côté. Revenez à la position de départ et recommencez le mouvement en faisant un saut de chat vers la gauche.

Le pas chassé est un pas de danse classique, il ressemble à un pas glissé rapide sauf qu'il faut effectuer un petit saut entre le premier mouvement et le deuxième.

Faites l'exercice 16 fois (8 fois par côté).

(1)

25 Surplace circulaire et rotation du ballon

1 Avancez le pied droit et faites quatre pas en surplace. Puis, tournez-vous à droite et décrivez un cercle en effectuant huit pas. Tout en faisant du surplace, levez et baissez le ballon. Une fois revenu à votre position de départ, le cercle étant achevé, faites trois pas en surplace. Terminez le mouvement en tapotant légèrement le sol du pied gauche. Recommencez en avançant cette fois-ci le pied gauche. Effectuez huit pas en décrivant un cercle vers la gauche. Terminez le mouvement en faisant du surplace.

Faites l'exercice 8 fois (4 fois par jambe).

Une fois que vous êtes habitué au rythme et à l'enchaînement de ce mouvement, vous pouvez en augmenter l'intensité en modifiant le surplace. Essayez de sauter, de marcher au pas ou de courir sur place.

Avancer/reculer, ballon au-dessus de la tête

26

(1) Debout, le ballon à la hauteur de la poitrine. Avancez en comptant jusqu'à quatre, en levant le ballon au-dessus de la tête puis en le baissant, tout en marchant. Ensuite, reculez en comptant jusqu'à quatre, en levant le ballon au-dessus de la tête puis en le baissant, tout en marchant.

Faites l'exercice 8 fois.

27 Surplace et ballon devant la poitrine

1

1 Debout, les pieds joints, le ballon à la hauteur de la poitrine, les coudes et les épaules baissés. Faites du surplace tout en tenant le ballon. Essayez de bien lever les genoux (c'est en faisant ce mouvement que le rythme cardiaque s'accélère).

Si vous tenez le ballon devant vous, serrez-le bien des deux mains de façon à raffermir les pectoraux (les muscles de la poitrine). Cette résistance vous permettra de renforcer les pectoraux et de relever les seins.

Raffermissement et tonicité des muscles

4 CHAPITRE

28 Adduction des bras en position inclinée

(1) Allongez-vous sur le ballon, un haltère dans chaque main, les pieds au sol. À présent, faites reculer le ballon de façon à ce que les épaules et le dos s'appuient dessus. Les genoux sont fléchis ; les abdominaux et les fesses sont détendus, mais ne sont pas affaissés. Le ballon soutient les bras. Les avant-bras sont levés et les haltères sont parallèles à la tête. Il s'agit là de la position de départ.

(2) Sans lever les épaules, rapprochez les coudes et les avant-bras de façon à sentir (et à voir, si vous baissez les yeux), une compression de la poitrine. Les coudes ne pourront probablement pas se toucher, mais rapprochez-les l'un de l'autre le plus possible pour pouvoir ressentir cette compression. Revenez à la position de départ.

Faites l'exercice 8 fois.

À mesure que les femmes vieillissent, les niveaux hormonaux se modifient, entraînant des changements dans l'apparence des seins, notamment leur grosseur, leur forme et leur santé. Il a été prouvé que les exercices ont des répercussions heureuses sur les niveaux hormonaux du corps. En effectuant cet exercice, n'oubliez pas que le lever de poids n'est pas uniquement un bon exercice pour votre santé extérieure (votre apparence), mais que c'est également un bon exercice pour votre santé intérieure (votre état d'esprit).

Position allongée sur le ballon, la croix, avec haltères

29

① Allongez-vous, le ventre bien appuyé sur le ballon. Les bras et les mains sont à proximité du sol ; les coudes légèrement pliés sont devant le ballon ; vous tenez un haltère dans chaque main. Le cou est allongé, les épaules détendues, les jambes bien tendues, la pointe des pieds touche le sol.

② Sans bouger le dos et en expirant, levez les bras latéralement, les coudes sont toujours légèrement pliés. Levez les bras à la hauteur des épaules sans les dépasser. Inspirez et ramenez les bras à la position de départ. Vous devriez sentir l'effet de ce mouvement au centre du dos.

Faites l'exercice 8 fois.

30 Position agenouillée, la rame avec haltère

① Effectuez une fente : le genou droit est posé au sol et la jambe gauche est pliée contre le ballon. Tenez un haltère dans la main gauche et posez le coude droit sur le ballon qui doit être bien coincé entre les cuisses. Cela permettra un bon alignement du corps pendant que vous effectuez ce mouvement.

② Regardez droit devant vous, le dos est légèrement incliné. Le coude près du corps, pliez-le pour ramener l'haltère à la hauteur de la hanche. Vous devriez ressentir l'effet du mouvement le long du dos, sur les côtés.

Faites l'exercice 8 à 16 fois en alternant les bras.

Vous pouvez raffermir les grands dorsaux, de longs muscles qui enveloppent le dos, en effectuant des mouvements de rame — extension latérale — (qui font travailler les muscles dans le sens de la largeur) ou alors en effectuant des mouvements d'extension dorsale ou de traction (qui font travailler les muscles dans le sens de la longueur).

Position agenouillée sur le ballon, extension des triceps

31

1. Posez le genou droit et la main droite sur le dessus du ballon au sol ; tenez un haltère dans la main gauche, le coude plié, l'haltère est légèrement sous l'épaule. Le dos et le cou sont droits, les abdominaux contractés.
2. Tendez le coude sans le verrouiller. Concentrez-vous plutôt sur la contraction que vous ressentez à l'arrière du bras.

Changez de côté. Faites l'exercice 8 fois de chaque côté.

Les triceps s'adaptent bien à des haltères plus lourds ; n'hésitez donc pas à vous servir d'un haltère de 3,5 ou 4,5 kg (8 ou 10 lb) lorsque vous faites cet exercice. Si vous souhaitez vraiment voir une différence dans le galbe des bras, il faut intensifier l'exercice, autrement dit travailler avec un haltère plus lourd.

32 Position allongée sur le dos, l'oiseau avec haltères

1. Posez le haut du dos sur le dessus du ballon ; les épaules doivent toucher le sommet du ballon qui soutient également le cou et la tête. Les pieds sont posés au sol, les cuisses en ligne droite avec le haut du corps. Tenez un haltère dans chaque main, les bras sont tendus au-dessus de la tête, les épaules sont détendues, distantes des oreilles.

2. Baissez les bras et tendez-les sur les côtés en poussant sur les coudes. Ne dépassez pas la poitrine. Remontez-les bras l'un contre l'autre à leur point d'origine, en serrant les pectoraux.

Faites cet exercice 8 fois. Faites une pause, puis recommencez.

Le muscle pectoral, ou encore le muscle de la poitrine, est en réalité composé de trois muscles. Il commence sous la clavicule, au milieu de la poitrine, puis s'allonge en trois directions en forme d'éventail : vers l'épaule (pectoraux supérieurs), vers le côté (pectoraux moyens), tout juste sous le bras, et descend encore plus le long du côté, tout juste au-dessus de la taille (pectoraux inférieurs). Si vous désirez travailler la silhouette et obtenir une meilleure posture, vous pouvez effectuer cet exercice selon trois positions. L'exercice que je viens de décrire fait travailler les pectoraux moyens. Si vous désirez travailler les pectoraux supérieurs, roulez vers l'avant sur le ballon pour que les bras se rejoignent au-dessus de la poitrine. Si, au contraire, vous désirez travailler les pectoraux inférieurs, roulez vers l'arrière sur le ballon (en position inclinée) de façon à ce que la partie inférieure de la poitrine soit plus élevée que le reste du corps.

Position allongée sur le dos, développé pectoral avec haltères

33

1. Allongez-vous sur le dos ; la poitrine est sur le dessus du ballon qui supporte le cou et la tête. Tenez un haltère dans chaque main et amenez les bras sur le côté, les coudes pliés. Les bras sont légèrement baissés, en direction du sol, les avant-bras perpendiculaires au sol. Les épaules sont distantes des oreilles.

2. Contractez les pectoraux, puis tendez les bras tout en rapprochant les mains et les haltères. Vous devriez sentir et voir une compression dans la poitrine, lorsque les bras sont tendus.

Ramenez les bras à la position de départ. Faites l'exercice 8 fois. Prenez une pause puis recommencez.

Le développé pectoral fait travailler une autre partie des pectoraux, les pectoraux moyens, qui se trouvent entre les deux seins. La plupart des femmes peuvent faire cet exercice avec des poids plus lourds que des haltères légers. Essayez de tenir dans chaque main des poids de 4,5 à 7 kg (10 à 15 lb) pour savoir s'ils vous conviennent ou non. En travaillant avec des poids plus lourds, vous remarquerez une nette différence dans votre silhouette. (Rappelez-vous cependant que le lever de poids ne modifie en rien la grosseur des seins, mais qu'il aide à les relever.)

34 Position allongée sur le dos, extension des triceps avec haltères

1. Allongez-vous sur le dos, le cou, les épaules et le haut du corps posés sur le dessus du ballon. Les pieds sont au sol, les genoux fléchis, les cuisses en ligne droite avec le haut du corps. Tenez un haltère dans chaque main, les bras bien tendus au-dessus de la tête, le revers des mains face à vous.

2. Croisez les bras vers les épaules opposées, le revers des mains toujours face à vous. Revenez à la position de départ. Faites l'exercice 8 fois.

Cet exercice est un excellent complément de l'exercice **Extension des triceps**, puisqu'il fait travailler une autre partie des triceps. Vous travaillez donc différemment la tonicité des bras.

Position allongée sur le dos, mouvement dynamique avec haltères

35

(1) Asseyez-vous sur le ballon, un haltère dans chaque main. Roulez vers l'avant de façon à ce que le haut du dos repose sur le ballon. Les hanches doivent être relevées et le ventre plat. Les genoux doivent être dans le prolongement des chevilles. Au début de cet exercice, les bras doivent être tendus, au-dessus de la tête.

Cet exercice est une variante d'un exercice Pilates, avec des poids légers. Il fait travailler la position des petits muscles qui permettent d'allonger et de raffermir le corps.

(2) À présent, baissez les bras. Tendez le bras gauche vers l'arrière de la tête, dans le prolongement de l'oreille ; le bras doit être légèrement baissé en direction du sol. Simultanément, ramenez le bras droit, toujours tendu, le long de la cuisse.

Répétez l'exercice en changeant de bras. Faites l'exercice 8 fois en alternant.

36 Position allongée sur le dos, traction arrière avec haltères

1. Asseyez-vous sur le ballon, un haltère dans chaque main. Avancez les pieds et roulez sur le ballon vers l'avant, de façon à ce que le ballon se trouve sous les épaules et le haut du dos. Les jambes doivent être dans le prolongement du torse, et bien droites. Les genoux sont parallèles, les tibias perpendiculaires au sol. Levez les bras au-dessus de la tête, les mains se font face. Le cou et les épaules sont détendus.

2. Baissez les bras vers l'arrière, derrière la tête, sans soulever les épaules. Vous devriez ressentir un étirement dans la poitrine. Les bras ne doivent pas descendre plus bas que les oreilles.

Ramenez les bras à la position de départ. Faites l'exercice 8 fois. Faites une pause, puis recommencez.

Buvez beaucoup d'eau. Il est très important que le corps soit bien hydraté pour qu'il puisse brûler des calories et être en bonne condition physique. Lorsque vous avez soif, c'est que vous êtes déjà déshydraté. Assurez-vous donc d'avoir toujours une bouteille d'eau près de vous tout au long de la journée.

Position allongée sur le ventre, flexion des jambes avec haltères

37

(1) Allongez-vous, les abdominaux sur le ballon. Posez un haltère derrière chaque genou. Rouler vers l'avant sur le ballon, et posez les avant-bras au sol, les poings serrés l'un contre l'autre, les coudes légèrement écartés.

(2) Levez les jambes ; le mouvement doit venir des hanches et doit faire travailler les glutéaux.

Faites l'exercice 8 fois. Faites une pause, puis recommencez.

38 Position allongée sur le ventre, battement des jambes

① ②

① Allongez-vous sur le ballon, de façon à ce que le ventre et les hanches soient bien centrés sur le ballon. Posez les mains sur le sol, devant le ballon ; les jambes et la pointe des pieds sont tendues derrière le ballon. Le cou est allongé et les abdominaux contractés.

② Commencez à battre des jambes, en ciseaux ; le mouvement doit provenir des hanches, mais il ne faut pas que ces dernières bougent. En battant des jambes, vous devriez sentir la contraction des muscles fessiers, celle des muscles de l'intérieur des cuisses et celle des ischio-jambiers.

Faites l'exercice 8 fois. Faites une pause puis recommencez.

Lorsque vous effectuez ce mouvement, vous devez bien faire attention à ne pas faire de grands battements ; le battement doit être assez serré, ce qui peut à première vue sembler illogique. En effet, lorsque vous faites un exercice pour accélérer le rythme cardiovasculaire, plus le mouvement est ample et plus il permet de brûler des calories. En revanche, lorsque l'exercice tend à raffermir les muscles, des mouvements resserrés permettent un meilleur contrôle des muscles ainsi que davantage de contraction.

Position allongée sur le ventre, flexion d'une jambe avec haltère

39

(1) Posez les abdominaux sur le ballon, les jambes et les bras allongés. Posez un haltère derrière un genou ; l'autre jambe doit rester tendue. Roulez sur le ballon vers l'avant, de façon à ce que les avant-bras soient posés sur le sol. Les mains, jointes, doivent former un triangle avec les avant-bras.

(2) Levez le genou fléchi ; il faut sentir la contraction dans la fesse. Vous ne pourrez lever le genou que de quelques centimètres. Revenez à la position de départ. Assurez-vous de ne pas bouger le reste du corps, surtout le bas du dos.

Faites l'exercice 8 fois. Faites une pause, puis recommencez l'exercice avec l'autre genou.

Certaines personnes éprouvent des difficultés à maintenir l'haltère derrière le genou, mais cet exercice est très efficace même sans haltère. Si le poids de l'haltère vous gêne, faites l'exercice sans haltère. Ou mieux encore, vous pouvez porter des bracelets lestés aux chevilles.

40 Position allongée sur le ventre, extension dorsale et de la jambe

1. Allongez-vous en posant le haut de l'abdomen sur le ballon ; la main droite est à plat sur le sol ; le bras gauche est tendu et incliné par rapport au sol. La main gauche tient un haltère. Les orteils du pied gauche touchent le sol, et la jambe droite est tendue derrière vous. Il s'agit là de la position de départ.

2. À présent, imaginez que vous devez démarrer une tondeuse à gazon : pliez le coude gauche et levez le bras gauche. Simultanément, levez la jambe droite encore plus haut. Vous devriez ressentir la contraction des muscles qui sont sous l'omoplate et dans la fesse.

Ce mouvement est un mouvement composé, c'est-à-dire que vous raffermissez les muscles de plus d'une partie du corps.

Revenez à la position de départ. Faites l'exercice 8 fois. Faites une pause et recommencez.

La position de départ est, en soi, un très bon exercice pour le dos. Vous gardez l'équilibre grâce aux muscles stabilisateurs, et vous tendez des membres opposés, ce qui permet d'étirer le dos et de raffermir les muscles en un seul mouvement.

Position allongée sur le ventre, pompes

41

(1) Posez le haut du corps sur le ballon, les jambes sont tendues derrière celui-ci. Roulez vers l'avant, de façon à ce que les cuisses soient posées sur le ballon et que les mains, à plat au sol, soutiennent le haut du corps. Le corps est alors légèrement incliné, mais droit ; les abdominaux sont contractés, le cou est droit, les yeux sont dirigés vers le sol. Il s'agit de la position de départ.

(2) Pliez les coudes et baissez la tête, le cou, la poitrine et les épaules vers le sol sans affaisser le torse ni remonter les fesses.

Revenez à la position de départ. Faites l'exercice 8 fois ; faites une pause, puis recommencez.

Cet exercice s'effectue en position inclinée. Puisque le ballon soutient une partie du poids du corps, l'exercice n'est peut-être pas aussi difficile que des pompes traditionnelles — allongé à plat ventre sur le sol, les deux jambes tendues. S'il vous semble difficile, tant mieux ; plus souvent vous le ferez, plus vous ferez des progrès. Voici une petite astuce : faites autant de pompes que possible à l'aide du ballon ; puis, retirez le ballon, et faites autant de pompes au sol que possible, en gardant les jambes pliées. Vous travaillez ainsi les pectoraux. Très rapidement, vous pourrez faire des pompes traditionnelles, jambes tendues.

42 Flexion abdominale et extension des jambes au sol

① ②

① Allongez-vous, le dos à plat au sol, les mains sous la tête, les coudes légèrement écartés. Le ballon est coincé entre les pieds et les mollets, les genoux sont fléchis, la pointe des pieds est tendue, les abdominaux sont contractés, et les hanches sont bien droites et posées sur le sol.

② Expirez en soulevant la tête, le cou et les épaules, et tout en allongeant les jambes. Le dos doit rester à plat contre le sol. Vous devriez ressentir l'effet de ce mouvement dans les abdominaux.

Inspirez, et revenez lentement à la position de départ. Faites l'exercice 8 fois. Faites une pause et recommencez.

Croisé au sol 43

(1) Allongez-vous sur le dos, le ballon dans les mains, au-dessus du torse. Levez les jambes à un angle de 45 degrés, à partir des hanches, en plaquant le dos au sol. Les épaules distantes des oreilles, décollez la tête, le cou et les épaules du sol.

(2) Pliez le genou droit et ramenez-le vers la poitrine, tout en vous tournant légèrement vers la gauche et en amenant la main droite et le ballon vers le genou gauche.

Faites l'exercice 8 fois avec chaque jambe, en remontant et en ramenant le ballon le long de la jambe tendue chaque fois. Faites une pause, puis recommencez.

44 Exercice au sol : contraction de l'intérieur des cuisses

1. Allongez-vous sur le côté gauche, le bras gauche plié sous la tête, la main droite à plat au sol, devant la poitrine. Placez le ballon entre les chevilles. Les hanches doivent être dans le prolongement l'une de l'autre, en ligne droite.

2. Soulevez le ballon de quelques centimètres au-dessus du sol. Il s'agit de la position de départ. Soulevez une fois de plus les jambes, un peu plus haut. Assurez-vous que le reste du corps est bien droit et allongé. Vous devriez ressentir l'effet de ce mouvement du côté extérieur de la cuisse droite et du côté intérieur de la cuisse gauche.

Faites l'exercice 8 fois en alternant les jambes. Faites une pause, puis recommencez.

Cet exercice raffermit les obliques et l'extérieur des cuisses, endroits du corps qu'il est difficile de tonifier. Pour bien redéfinir ces parties-là du corps, vous devez vous concentrer sur des mouvements de petite ampleur et précis.

Roulement des hanches et extension de la jambe

45

(1) Allongez-vous sur le dos, le ballon posé contre les fesses, les deux jambes sur le ballon, les bras tendus sur les côtés, légèrement de biais, au sol. Assurez-vous que le dos est à plat, contre le sol.

(2) En expirant, tournez les hanches vers la gauche sans décoller les côtes et le haut du dos du sol. Le ballon roule au même rythme que vous vers la gauche. En tournant les hanches, tendez la jambe droite.

Inspirez et revenez à la position de départ. Recommencez l'exercice en roulant vers la droite et tendez la jambe gauche. Faites l'exercice 8 fois en alternant les jambes. Faites une pause, puis recommencez.

46 Contraction de l'intérieur des cuisses et flexion abdominale

1 Allongez-vous, le dos bien à plat et les genoux fléchis, le ballon entre les jambes. Placez les mains derrière la tête, les coudes pliés, loin de la tête.

2 Tout en levant la tête, serrez les cuisses contre le ballon. Fixez le mur en face de vous, le regard au-dessus des genoux, et non vers le plafond. Le dos doit être bien appuyé contre le sol. Redescendez la tête.

Faites l'exercice 8 fois. Faites une pause, puis recommencez.

Mangez. Le corps commence à brûler des calories dès que vous commencez à faire des exercices, mais si vous ne mangez pas, le corps s'accroche aux calories emmagasinées. Cela ne signifie pas que vous soyez libre d'avaler des gras saturés et des sucres. Vous devriez au contraire manger de bons gras, des protéines, des glucides complexes, des fruits et d'autres aliments complets.

Contraction de l'intérieur des cuisses et extension du bras

47

(1) Allongez-vous sur le dos, les genoux fléchis, les pieds posés au sol, le dos droit, les mains derrière la tête, les coudes pliés loin de la tête.

Les muscles obliques partent du dos et rejoignent la taille. En les tonifiant, votre taille sera plus mince et vos muscles stabilisateurs seront plus forts.

(2) Levez la tête, les épaules, le cou et le haut du dos. Tout en les levant, tournez-vous vers la gauche et serrez bien le ballon entre les jambes. Tendez le bras droit vers le genou gauche. Le bas du dos est bien appuyé contre le sol, le cou est bien allongé. Le corps ne doit pas être tendu ; vous devriez seulement ressentir une contraction dans les obliques (les muscles qui enveloppent les hanches). Redescendez.

Faites l'exercice 8 fois en alternant les bras. Faites une pause, puis recommencez.

48 Roulade avant et contraction de l'intérieur de la cuisse

1. Allongez-vous sur le dos, les genoux fléchis, le ballon entre les jambes, les pieds bien à plat au sol, les bras tendus au-dessus de la tête.
2. Plaquez le bas du dos contre le sol et ramenez les bras devant vous, le long du corps. Puis, tout en serrant les genoux contre le ballon, remontez lentement le haut du corps.
3. En vous relevant et jusqu'à ce que vous soyez en position assise, assurez-vous de garder le dos bien droit. Lorsque le dos est perpendiculaire au sol, arrêtez-vous.

Redescendez lentement (c'est aussi très difficile !). Faites l'exercice 8 fois. Faites une pause, puis recommencez.

49 Extension des jambes, flexion des cuisses

1. Allongez-vous sur le dos, les talons posés sur le dessus du ballon, les jambes tendues, les bras le long du corps, le torse allongé et droit. Les épaules sont distantes des oreilles.

2. Appuyez les pieds contre le ballon, en fléchissant les genoux et tout en le faisant rouler vers les fesses.

Repoussez le ballon loin de vous. Faites l'exercice 4 fois.

Cet exercice est vraiment difficile. Au début, vous ne serez en mesure de le faire qu'un petit nombre de fois. Vous sentirez l'effet du mouvement au centre, du côté extérieur de la cuisse. L'exercice est vraiment efficace ; essayez donc de compléter la série de répétitions.

50 Torsion des obliques

1. Allongez-vous, le dos légèrement appuyé contre le sol. Les jambes sont levées, à partir des hanches, et tendues. Les genoux sont tendus, mais non verrouillés, les mains sont derrière la tête, les coudes éloignés de la tête.
2. En expirant, décollez la tête, le cou et les épaules du sol et lorsque vous arrivez à la fin de ce mouvement, tournez le haut du corps vers la droite. Ne forcez pas, le mouvement doit s'effectuer en douceur.

Sans redescendre au sol, les épaules toujours décollées, recommencez l'exercice 8 fois de chaque côté.

Lorsque vous faites travailler les abdominaux, la tête ne doit pas être soutenue par les mains. Voici comment faire : les doigts de chaque main se touchant, posez légèrement la tête dans les mains. Les mains devraient seulement soutenir le cou et le maintenir droit, elles ne sont pas censées soutenir le poids de la tête qui lui, devrait être soutenu par les abdominaux pour que l'exercice soit plus efficace.

51 Décollage du bassin

Ce mouvement est appelé décollage et non soulèvement ou lever, parce qu'il faut décoller le bas du dos très lentement, une vertèbre à la fois. Il faut également redescendre très lentement vers le sol. Les exercices de la méthode Pilates sont stimulants parce que justement, ils ne sont pas portés par une impulsion ou un élan, mais plutot par la maitrise et la précision du mouvement à effectuer.

1. Allongez-vous, le ballon dans le prolongement des hanches, les mollets posés sur le ballon, les genoux fléchis, le dos plaqué au sol, les abdominaux contractés, les épaules éloignées des oreilles, les bras tendus le long du corps. Le cou est bien allongé sur le sol.
2. Soulevez lentement le torse en poussant d'abord sur les hanches et sur le bas de la colonne vertébrale, jusqu'à ce qu'il ne touche plus le sol. Le ballon roulera un peu sous les jambes.
3. À la fin du mouvement, levez la jambe à la hauteur de la hanche et redescendez-la. Effectuez ce mouvement très lentement et rigoureusement. Reposez-vous lorsque la jambe est de nouveau posée sur le ballon, et revenez à la position de départ.

Faites cet exercice 4 fois.

52 Roulade

1. Allongez-vous sur le dos, les jambes bien tendues au-dessus de vous, la pointe des pieds tendue, le ballon entre les pieds. Le cou doit être bien allongé sur le sol, le menton légèrement rentré, les épaules loin des oreilles et les bras le long du corps.

2. Décollez les hanches et les jambes, et ramenez les jambes derrière la tête (c'est une variante de la posture yogique de la Charrue). Puis, très lentement, ramenez les jambes à la position de départ.

Faites l'exercice 4 fois.

Cet exercice est assurément le plus difficile dans cet ouvrage. Si vous êtes incapable de le réussir (ce qui est fort possible), essayez plutôt cette variante : à partir de la position de départ, ramenez les jambes vers la tête sans soulever les hanches. Lorsque les jambes sont derrière la tête, ramenez-les vers vous de façon à ce qu'elles forment un angle de 45 degrés avec le sol. Cela fera travailler les abdominaux. Maintenez et de soutenez la cambrure naturelle du bas du dos pour raffermir tous les muscles stabilisateurs.

Ciseaux

53

1. Allongez-vous sur le dos, les jambes bien tendues au-dessus du corps, le ballon coincé entre les chevilles. Les bras sont tendus le long du corps, le cou est allongé et le bas du dos plaqué contre le sol, les abdominaux sont contractés.

2. Sans bouger le haut du dos, déplacez une jambe puis l'autre en ciseaux. Vous ressentirez l'effet de ce mouvement dans les abdominaux et les cuisses. Assurez-vous que les épaules sont loin des oreilles, et que le cou est toujours au sol. N'essayez pas d'agripper le sol des mains et ne vous servez pas de celles-ci pour maintenir le dos au sol.

Faites l'exercice 4 fois.

Cet exercice exige beaucoup de force abdominale parce qu'il ne faut pas que les jambes s'affaissent ni que le dos décolle du sol. Il est bien plus fatigant qu'il n'y paraît.

54 Extension d'une jambe sur ballon

Mangez des protéines à chaque repas. Elles permettent de développer les muscles qui, à leur tour, brûlent des calories. Par ailleurs, les protéines sont nécessaires pour que le corps puisse stabiliser le taux de sucre dans le sang.

1. Allongez-vous sur le dos, les pieds posés sur le ballon, les bras tendus le long du corps. Le torse et les jambes doivent être inclinés par rapport au sol. Les abdominaux sont contractés, les fesses ne s'affaissent pas.

2. Tendez la jambe droite. Il faut qu'elle reste parallèle à la jambe gauche à mesure que vous faites rouler le ballon vers les hanches. Il s'agit là de la position de départ.

3. À présent, commencez l'exercice : à l'aide de la jambe gauche, faites reculer le ballon en le roulant ; tendez la jambe droite et levez-la le plus haut possible pour qu'elle soit encore plus loin du ballon. Les abdominaux doivent être contractés et les hanches bien levées. Ramenez le ballon vers vous à l'aide du pied et ramenez la colonne vertébrale vers le sol.

Revenez à la position de départ. Faites l'exercice 4 fois.

Extension d'une jambe au sol

55

(1) Allongez-vous sur le dos, le ballon entre les mains au-dessus du torse. Plaquez le dos au sol tout en levant les jambes à un angle de 45 degrés et en poussant sur les hanches. Les épaules loin des oreilles, décollez la tête, le cou et les épaules du sol. Pliez le genou droit et ramenez-le vers la poitrine. Le ballon devrait être juste au-dessus du genou. Restez dans cette position en comptant jusqu'à deux, puis changez de jambe sans prendre de pause et sans bouger le torse ni les hanches. Faites l'exercice en alternant les jambes, 8 fois par jambe.

56 Torse sur le ballon, extension de la jambe vers l'arrière

① À genoux, à côté du ballon, étendez le haut du corps sur le ballon ; la main droite posée au sol, la main gauche sur le ballon. Le genou droit est plié et posé au sol.

② Les hanches bien droites, levez la jambe gauche à la hauteur des hanches. Il s'agit là de la position de départ.

③ Balancez la jambe tendue de bas en haut.

Faites l'exercice 16 fois (8 fois de chaque côté).

Ce mouvement ne requiert pratiquement aucun réchauffement. Vous pouvez le faire pendant que vous regardez la télévision et le répéter autant de fois que vous le désirez, puisqu'il fait appel à un petit muscle qui ne se fatigue pas rapidement.

Flexion abdominale et mouvement circulaire des bras

57

1. Allongez-vous sur le ballon, les pieds posés au sol, les genoux fléchis. Les bras sont tendus devant vous, ils sont bien allongés et parallèles au sol. Les épaules sont loin des oreilles, la cambrure du dos est naturelle.

2. Expirez tout en fléchissant le haut du corps vers l'arrière et en contractant les abdominaux. Le ballon doit bien soutenir le haut du dos et les épaules. À mesure que vous effectuez ce mouvement, ramenez les bras autour de la tête de façon à décrire un grand cercle. Cela permettra aux abdominaux de travailler davantage.

Revenez à la position de départ. Faites l'exercice 8 fois.

58 Assis sur le ballon, flexion abdominale, bras tendus

1. Asseyez-vous sur le ballon, les pieds posés au sol, les genoux fléchis. Les bras sont tendus devant vous, droits et bien allongés, parallèles au sol. Les épaules sont loin des oreilles, la cambrure du dos est naturelle.

2. Expirez tout en amenant le haut du corps vers l'arrière et en contractant les abdominaux. Le ballon doit bien soutenir le haut du dos jusqu'aux épaules. Les bras doivent se déplacer le long des oreilles, vers le haut. Revenez à la position de départ.

Faites l'exercice 4 fois.

Flexion abdominale et extension du bras vers l'arrière

59

1. Asseyez-vous sur le ballon, les pieds au sol, les genoux fléchis. Les bras sont tendus devant vous, longs et bien droits, parallèles au sol. Les épaules sont loin des oreilles, la cambrure du dos est naturelle.

2. Expirez tout en amenant le haut du corps vers l'arrière et en contractant les abdominaux. Le ballon doit bien soutenir le haut du dos jusqu'aux épaules. À mesure que vous effectuez ce mouvement, gardez le bras droit bien tendu devant vous et amenez le bras gauche derrière le corps en tournant légèrement le torse. Cela permettra aux muscles stabilisateurs de se relâcher un petit peu pendant que vous maintenez la contraction.

Revenez à la position assise sur le ballon. Faites l'exercice 8 fois avec chaque bras.

60 Position assise sur le ballon, flexion abdominale avant

1 2

1. Asseyez-vous sur le ballon.
2. Glissez vers l'avant du ballon de 15 cm (6 po), de façon à ce que les fesses soient juste sous le sommet du ballon. Les pieds sont bien à plat sur le sol et sous les genoux fléchis, les bras tendus devant vous. La tête, le cou et les épaules ne touchent pas le ballon et sont bien dégagés lorsque vous contractez les abdominaux.
3. Sans bouger les pieds, faites rouler le ballon vers l'arrière tout en soulevant la tête, le cou et les épaules pour revenir en position assise. Les coudes sont baissés et les abdominaux contractés.

Revenez lentement à la position de départ. Faites l'exercice 8 fois.

Position assise sur le ballon, torsion des muscles stabilisateurs

61

① Assis sur le ballon, les pieds posés au sol, les genoux fléchis. Les bras doivent être écartés latéralement, bien tendus et allongés, parallèles au sol. Les épaules sont loin des oreilles, la cambrure du dos est naturelle.

② En expirant, tournez-vous vers le côté droit sans lever les épaules ni bouger les hanches. Inspirez. Revenez au centre ; expirez ; puis, tournez-vous vers la gauche.

Faites l'exercice 8 fois de chaque côté.

62 Position assise sur le ballon, bras tendus avec haltères

1 Asseyez-vous sur le ballon, un haltère dans chaque main. Les épaules sont détendues, le menton légèrement rentré, le dessus de la tête parallèle au plafond. Les bras sont bien allongés et les mains devant le ballon.

2 Levez le bras droit à la hauteur de l'épaule sans soulever l'épaule et en contractant les abdominaux. Baissez le bras en poussant sur l'haltère, et recommencez avec le bras gauche.

Faites l'exercice 8 fois avec chaque bras.

Les deltoïdes se composent de trois muscles : l'antérieur (le devant de l'épaule), le postérieur (le derrière de l'épaule) et le moyen (le centre de l'épaule). Il est recommandé de faire travailler l'épaule dans toutes les directions (rappelez-vous, il s'agit d'une cavité articulaire dans laquelle s'emboîte une sphère, comme pour la hanche ; ce qui revient à dire que l'on peut décrire un cercle complet avec le bras) pour que l'épaule soit forte et bien galbée. C'est la raison pour laquelle on déplace le bras dans toutes les directions, qu'on le tend et qu'on le baisse.

63

Position assise sur le ballon, bras tendus latéralement avec haltères

1. Asseyez-vous sur le ballon, un haltère dans chaque main. Les épaules sont détendues, le menton est légèrement rentré, le dessus de la tête est parallèle au plafond.

2. Sans bouger le reste du corps et sans soulever l'épaule, levez le bras droit sur le côté. Baissez le bras en poussant sur l'haltère, et recommencez avec le bras gauche.

Faites l'exercice 8 fois en alternant les bras.

64 Position assise sur le ballon, développé des épaules avec haltères

1. Asseyez-vous sur le ballon, les pieds posés au sol, les genoux fléchis, les bras sur les côtés, un haltère dans chaque main, les coudes pliés formant un angle droit.
2. Sans soulever les épaules, levez les bras et tendez les coudes sans les verrouiller. Revenez à la position de départ.

Faites l'exercice 8 fois.

Pourquoi metre l'accent sur la position des épaules ? Parce que l'on a souvent tendance à voûter les épaules, surtout lorsqu'on fait des exercices, et que cela réduit l'efficacité du programme d'entraînement. Si la position des épaules est bonne, alors, les muscles peuvent faire leur travail. Rappelez-vous toujours de bien détendre les épaules ; non seulement vous ressentirez moins de tension, mais votre posture n'en sera qu'améliorée et vous serez en meilleure forme également.

Position assise sur le ballon, coiffe des rotateurs

65

1. Assis sur le ballon, un haltère dans chaque main, les épaules détendues, le cou allongé. Les coudes sont pliés et longent le corps, les bras serrent presque les côtes. Les avant-bras sont parallèles au sol.

2. Tendez les avant-bras vers les côtés ; seuls les avant-bras bougent. Assurez-vous que les épaules et les bras ne bougent pas.

Faites l'exercice 8 fois.

66 Position assise sur le ballon, les trois 7

Cet exercice se compose de trois mouvements que vous répéterez 7 fois.

1. D'abord, asseyez-vous sur le ballon, un haltère dans chaque main. Les bras sont tendus sur le côté et longent les côtes ; les épaules sont détendues, loin des oreilles. Pliez les coudes, les avant-bras parallèles au sol.

2. Amenez les mains vers les épaules sans bouger les bras puis revenez à la position de départ. Faites ce mouvement 7 fois.

3. Les avant-bras parallèles au sol, baissez un bras vers le sol, le bras est alors tendu. Revenez au centre. Faites ce mouvement 7 fois avec chaque bras.

4. Enfin, faites les deux mouvements précédents l'un à la suite de l'autre ; commencez avec le bras presque tendu et ramenez-le vers l'épaule. Exécutez cet enchaînement 7 fois.

Cet exercice permet de faire travailler les biceps, les muscles du devant du bras.

Position assise sur le ballon, extension d'une jambe et torsion

67

① Assis sur le ballon, la cambrure du dos est naturelle, les genoux sont fléchis, les pieds posés au sol. Les bras sont tendus au-dessus de la tête, les épaules détendues, et le torse bien allongé. Tendez le genou gauche sans le verouiller et levez le tibia gauche de façon à ce que toute la jambe gauche pointe légèrement vers le haut.

② Tout en tendant la jambe gauche, tournez-vous vers la gauche, en ramenant les bras à la hauteur des épaules et en pivotant le torse. Le haut du corps doit rester droit et bien allongé, les hanches immobiles. Le mouvement ressemble à une rotation ou encore à celui d'un tire bouchon.

Revenez au centre et tournez-vous à nouveau vers la gauche. Faites l'exercice 8 fois de chaque côté

68 Position assise sur le ballon, extension des triceps avec haltères

① Asseyez-vous sur le ballon, un haltère dans chaque main, les épaules détendues. Levez les bras au-dessus de la tête puis descendez les avant-bras derrière la tête en pliant les coudes près des oreilles. Ne voûtez pas les épaules.

② À présent, soulevez les haltères de façon à ce que les bras soient tendus au-dessus de la tête, sans verrouiller les coudes. Vous devriez ressentir une contraction des triceps. Si vous ne ressentez aucune contraction, prenez des haltères plus lourds, par exemple de 3,5 kg (8 lb). Baissez les bras.

Faites l'exercice 8 fois.

Position assise sur le ballon, les trois 7 sur le côté

69

Cet exercice se compose de trois mouvements que vous répéterez 7 fois.

1. D'abord, asseyez-vous sur le ballon, un haltère dans chaque main. Les bras sont tendus sur le côté, les coudes près des côtes et les épaules sont détendues, loin des oreilles. Commencez l'exercice les coudes pliés, les avant-bras parallèles au sol. Cette fois-ci, les bras sont tournés sur le côté, à partir des épaules.

2. Amenez les mains vers les épaules sans bouger les bras. Revenez à la position de départ. Exécutez ce mouvement 7 fois.

3. Puis, les avant-bras parallèles au sol, tendez les bras vers le sol. Exécutez ce mouvement 7 fois en alternant les bras.

4. Enfin, enchaînez les deux mouvements précédents l'un à la suite de l'autre ; commencez avec les bras est presque tendus et ramenez-les vers l'épaule. Exécutez cet enchaînement 7 fois.

Ainsi que le nom du muscle l'indique, le biceps est composé de deux muscles. Lorsque vous effectuez l'exercice Les trois 7 et Les trois 7 sur le côté, vous travaillez les deux muscles du biceps.

70 En appui sur le ballon, extension de la jambe devant le corps

1. Appuyez le haut du corps de côté sur le ballon ; la main droite posée sur le sol, la main gauche sur le ballon. Le genou droit est fléchi, posé au sol.

2. Les hanches droites, levez la jambe gauche à la hauteur de la hanche et déplacez-la devant le corps. Il s'agit là de la position de départ.

3. À présent, soulevez la jambe un peu plus haut, de quelques centimètres (vous ne pourrez pas la lever très haut), le pied fléchi. Revenez à la position de départ.

Les mêmes muscles travaillent, mais dans des exercices différents. À mesure qu'on avance dans le programme d'entraînement, chaque mouvement devient plus difficile. On peut toujours s'arrêter, étirer les jambes, et recommencer. Une fois que vous avez bien compris comment effectuer les exercices, vous pouvez en changer l'ordre selon ce qui vous convient. Souvenez-vous qu'éprouver des douleurs n'est pas synonyme d'efficacité. Cela dit, vous devriez éprouver une fatigue dans les muscles vers la fin des répétitions.

Fente arrière en position debout

71

1. Position de départ : debout, les pieds joints, le ballon devant le torse. Reculez le pied gauche de 1 m (3 pi). La jambe gauche est donc tendue, derrière le corps. Vous devez être sur la pointe du pied pendant l'exercice. Levez le ballon au-dessus de la tête.

2. En ramenant le ballon devant vous, pliez les deux genoux en vous assurant que le genou droit ne dépasse pas les orteils du pied droit, et que le genou gauche ne touche pas le sol. Gardez le torse bien droit et centré.

Revenez à la position de départ. Exécutez l'exercice 8 fois avec chaque jambe.

Pour que cet exercice et les autres exercices de fente soient encore plus difficiles à effectuer, tenez le ballon au-dessus de la tête pendant toute la durée de l'exercice.

72 Fente avant, position debout

1. Debout, le pied droit est à 1 m (3 pi) devant la jambe gauche, le torse est bien droit, et bien centré. Tenez le ballon au-dessus de la tête, aussi haut que possible tout en gardant les épaules détendues.

2. Sans vous pencher en avant, pliez les genoux. Le genou gauche devrait être à proximité du sol, sans le toucher, et le genou droit ne doit pas dépasser les orteils du pied droit. En pliant les genoux, ramenez le ballon vers la poitrine.

Recommencez l'exercice 8 fois pour chaque jambe.

L'exercice de la fente est un autre excellent exercice, dans la mesure où il permet de faire travailler de nombreux muscles de façon très efficace. Pour la jambe avancée, ce sont les quadriceps et les glutéaux qui travaillent et se raffermissent. Quant à la jambe en arrière, ce sont le muscle fléchisseur de la hanche et les quadriceps qui s'étirent.

Position accroupie, ballon dans les mains

73

1. Debout, les pieds écartés dans le prolongement des hanches, le ballon dans les mains devant vous. Le dos est droit. Baissez-vous en poussant sur les hanches, comme si vous alliez vous asseoir. À mesure que vous vous accroupissez, tendez les bras perpendiculairement au sol pour éloigner le ballon de vous.
2. Relevez-vous. Serrez les fesses en terminant le mouvement.

Effectuez cet exercice rapidement. Comptez un en vous relevant et un en vous accroupissant. Faites l'exercice 8 fois.

L'accroupissement renforce et galbe les fesses, les ischio-jambiers, les quadriceps et les mollets, et se décline de mille et une façons. Quand vous maîtrisez cet exercice de base, vous pouvez essayer de l'effectuer les jambes écartées sur le côté (deuxième position pliée en danse), ou alors les talons joints et les pieds écartés (première position pliée en danse, dans cette position, vous ne pourrez pas vous accroupir complètement puisque vous aurez du mal à garder l'équilibre). Vous pouvez également essayer de vous accroupir les jambes très écartées, mais parallèles, et de lever une jambe en remontant (accroupissement de style sumo).

74 Extension des mollets

① Debout, le ventre appuyé contre le ballon au mur, un haltère dans chaque main. Sans soulever les épaules, levez-vous sur la pointe des pieds.

Restez dans cette position en comptant jusqu'à deux, puis redescendez. Faites l'exercice 8 fois.

Extension latérale des jambes

75

1 Debout, le côté droit du corps appuyé contre le ballon au mur, le bras droit sur le ballon, près du mur. Tenez un haltère dans la main gauche posée sur le côté de la cuisse. La jambe droite est près du ballon et la jambe gauche est dans le prolongement latéral de la jambe droite, la pointe du pied tendue. Le poids du corps doit être placé sur la jambe droite. Contractez les abdominaux et détendez les épaules.

2 La cambrure du torse est naturelle. Levez la jambe extérieure de façon à effectuer une longue extension, mais sans modifier la position des hanches, qui ne doivent pas bouger. Puis baissez la jambe.

Effectuez cet exercice lentement, ne vous laissez pas porter par l'élan. Faites l'exercice 8 fois avec chaque jambe.

76 Fente avant contre un mur, renvoi des triceps

1. Appuyez-vous de face, des côtes aux cuisses, contre le ballon au mur, un haltère dans chaque main. Placez la jambe gauche sous le ballon et reculez la jambe droite, en position de demi-fente. Posez la main droite sur le dessus du ballon ; le bras gauche est plié, le poids dans la main gauche est près du ballon.

2. En gardant les épaules basses, tendez le bras gauche vers l'arrière, sans verrouiller le coude lorsque le bras est bien tendu.

Faites l'exercice 8 fois avec chaque bras.

Si vous remarquez que vos muscles commencent à être bien développés et tonifiés, mais que vous n'êtes toujours pas satisfait de votre poids, essayez de modifier votre alimentation pendant quelques semaines pour perdre 1 kg (2 lb). Vous découvrirez peut-être qu'il y a encore trop de graisses sur vos muscles, nouvellement allongés et galbés, pour que vous puissiez remarquer une différence dans votre silhouette et ce, en raison de vos habitudes alimentaires.

77 Fente avant contre un mur, oiseau inversé avec haltères

(1) Debout, la poitrine appuyée contre le ballon au mur, un haltère dans chaque main. Reculez la jambe gauche, elle est alors inclinée par rapport au sol ; le pied droit est au sol, sous le ballon. Les deux bras sont tendus, de chaque côté du ballon, les haltères près du mur. Vous pouvez presser le corps contre le ballon pour que celui-ci ne tombe pas.

(2) Commencez maintenant l'exercice : rapprochez les omoplates l'une de l'autre. Puis, sans hausser les épaules, pliez légèrement les coudes et remontez les bras en reculant aussi loin que possible. Revenez à la position de départ.

Faites l'exercice 8 fois.

Il est recommandé d'étirer le muscle après avoir effectué un exercice afin de le raffermir. Les recherches ont montré qu'étirer le muscle après un exercice de résistance le raffermit plus rapidement. Et des muscles plus forts brûlent davantage de calories que des muscles affaiblis !

78 Fente avant contre le mur, la rame avec haltères

① ②

① Debout, le torse est appuyé contre le ballon au mur. Placez la jambe droite sous le ballon, genou fléchi. La jambe gauche est derrière le corps, tendue à partir de la hanche. Le bras droit est posé sur le ballon, un haltère à la main. Le bras gauche est tendu vers le bas, en direction du mur.

② Le cou doit être allongé, les épaules baissées. Pliez le coude et ramenez la main vers la hanche. Revenez à la position de départ.

Faites l'exercice 8 fois avec chaque bras.

Développé des épaules et extension des mollets, avec haltères

79

(1) Le ventre est appuyé contre le ballon au mur, les jambes sont légèrement écartées et inclinées. Tenez un haltère dans chaque main. Les coudes sont pliés, les mains à la hauteur des oreilles. Assurez-vous que les épaules sont bien détendues et les abdominaux contractés.

(2) Tendez les coudes et levez les bras au dessus de la tête sans soulever les épaules. Simultanément, mettez-vous sur la pointe des pieds. Redescendez et revenez à la position de départ.

Faites l'exercice 8 fois.

Les muscles des épaules ne sont pas très massifs, la plupart des femmes ne peuvent soulever des haltères de plus de 5 kg (10 lb). Il n'y a pas lieu de vous inquiéter, rien que le fait de soulever de légers poids permettra à vos épaules d'être plus fortes, bien galbées et sexy.

80 Développé des épaules et accroupissement, avec haltères

① Appuyez légèrement le dos contre le ballon au mur ; un haltère dans chaque main, les bras levés, les coudes pliés, les jambes inclinées à partir des hanches. Les abdominaux doivent être contractés.

② Le dos bien droit, le cou allongé, et sans soulever les épaules, fléchissez les genoux en levant les bras. Accroupissez-vous jusqu'à ce que les cuisses soient parallèles au sol et que les bras soient tendus, sans être verrouillés. Le ballon suivra votre mouvement.

Revenez à la position de départ. Faites l'exercice 8 fois.

Extension des triceps, avec haltères

81

① Debout, l'abdomen est appuyé contre le ballon au mur, les bras levés directement au-dessus de la tête, un haltère dans chaque main. Les jambes et les pieds se touchent.

② Pliez lentement les coudes et amenez les mains derrière la tête. Il ne faut pas soulever les épaules, ni que les mains retombent trop vite vers l'arrière, les coudes doivent former un angle droit et rester près de la tête. Revenez à la position de départ.

Faites l'exercice 8 fois.

82 Caracoles debout

1. Appuyez le ventre et la poitrine contre le ballon au mur, un haltère dans chaque main ; les épaules sont baissées, les abdominaux contractés, le dos bien allongé. Les jambes sont légèrement inclinées par rapport au ballon et tendues à partir des hanches, les talons sont au sol.

2. Sans bouger le haut du corps, soulevez un talon, et baissez-le rapidement tout en soulevant l'autre talon. Les caracoles s'effectuent très rapidement, mais le reste du corps ne bouge pas.

Faites l'exercice 32 fois (16 fois par talon).

Pompes face au mur

83

1. Les mains sont un peu en retrait du sommet du ballon au mur. Le corps est incliné, les pieds sont au sol, les jambes tendues. Les bras doivent être tendus mais non verrouillés.

2. Pliez les coudes et descendez pour faire une pompe, les coudes s'éloignent vers les côtés. Assurez-vous que les abdominaux sont contractés et que les fesses forment une ligne droite avec le dos, elles ne doivent pas être levées. Plus l'écart des mains sur le ballon sera ample, plus l'exercice sera facile. Revenez à la position de départ.

Faites l'exercice 8 fois.

Il s'agit là de pompes traditionnelles, rendues plus difficiles à cause de l'utilisation du ballon puisque vous devez garder l'équilibre tout en vous aidant des muscles stabilisateurs. Pour que l'exercice soit un peu plus facile à effectuer, vous pouvez vous agenouiller. Pour qu'il soit plus difficile ? Décollez le ballon du mur et essayez de le maintenir en équilibre tout en faisant vos pompes. Ça, c'est difficile !

84 Accroupissement, une seule jambe, avec haltères

① Appuyez le dos contre le ballon au mur tout en tenant un haltère dans chaque main. Le menton est parallèle au sol, le cou est allongé, les abdominaux sont contractés. Levez le genou droit et maintenez-vous en équilibre sur la jambe gauche.

② Amenez la jambe droite vers l'arrière, le genou toujours fléchi, et commencez à plier le genou gauche, comme si vous alliez vous accroupir. Le ballon glissera en même temps que vous vous accroupirez. Revenez à la position de départ.

Faites l'exercice 4 fois avec chaque jambe.

Il faut dormir et bien se reposer. Il faut du temps au corps pour récupérer des tensions de la journée et de l'exercice physique. Si vous êtes exténué, alors le corps ne peut pas travailler convenablement. Et pis encore, si vous ne vous reposez pas suffisamment, les risques de blessures s'intensifient.

85 Lever arrière de la jambe

(1) Appuyez le haut du corps contre le ballon au mur. Tenez un haltère dans chaque main. Détendez bien les épaules.

(2) Levez la jambe droite vers l'arrière, sans perdre l'alignement des hanches (elles ne doivent pas bouger et bien rester en place pendant toute la durée de l'exercice).

(3) À présent, levez la jambe droite un peu plus haut, sans que les hanches bougent. Vous ne pourrez pas lever la jambe très haut, mais vous devriez ressentir une contraction dans les glutéaux. Baissez la jambe. Répétez 4 fois chaque jambe.

Il y a trois muscles glutéaux : le grand fessier, le moyen fessier et le petit fessier. Les accroupissements et les fentes permettent de faire travailler le grand fessier, les deux autres muscles fessiers travaillent lorsque vous faites des exercices de moindre intensité, c'est-à-dire où le mouvement n'est pas ample. Tout mouvement où il faut lever la jambe, comme dans cet exercice, fait travailler le moyen et le petit fessier. Pour bon nombre de personnes, ces deux muscles sont sous-utilisés et généralement moins développés, et c'est la raison pour laquelle vous ressentez très rapidement l'efficacité du mouvement. Et vous serez vite récompensé par un véritable « lifting » des fesses !

86 Pliés avec haltères

1. Appuyez le bas du dos, bien au centre, contre le ballon au mur. Tenez un haltère dans chaque main. Le torse doit être droit, les abdominaux contractés. Placez les pieds en deuxième position de danse — les pieds très écartés, la pointe des pieds tournée vers l'extérieur. Faites attention à vos genoux : ils doivent être alignés avec vos orteils. Assurez-vous d'écarter les jambes à partir des hanches et non des genoux.

2. Le torse droit, fléchissez les genoux pour faire un grand plié. Contrairement à ce que pourriez croire, le ballon remontera le long du mur.

Revenez à la position de départ. Faites l'exercice 4 fois.

Les exercices de la méthode Pilates et quelques-uns des exercices que je vous propose s'appuient sur des pas de danse pour la position des jambes et des bras. La danse classique exige des danseurs que leur corps se plie à d'étranges postures qui sont très belles à regarder, mais difficiles à tenir. Le port de bras décrit le mouvement des bras, dans la danse classique. Pour que les bras soient dans la bonne position (et en réalité pour raffermir le haut du dos et l'arrière des bras), décrivez un cercle avec vos bras devant le corps ; le mouvement circulaire doit se faire à la hauteur des épaules. À présent, levez légèrement l'arrière des bras (les triceps) tout en laissant tomber les épaules. Vous devriez également ressentir l'effet du mouvement dans le haut du dos.

87 Fente avant

① Debout, les pieds joints, le ballon dans les deux mains, devant le torse. Faites un grand pas en avant avec le pied droit, et au moment où le pied va se poser sur le sol, pliez les genoux. Assurez-vous que le genou droit ne dépasse pas les orteils du pied droit.

② Revenez à la position de départ avant d'avancer la jambe gauche et ainsi répéter le mouvement de l'autre côté.

Faites l'exercice 16 fois en alternant (8 fois par jambe).

88 Accroupissement contre le mur

(1) Appuyez le dos contre le ballon au mur. Tenez un haltère dans chaque main. Les jambes doivent être légèrement inclinées par rapport au ballon.

(2) Accroupissez-vous lentement. Le ballon glissera le long du mur en même temps que vous. Vous devriez vous accroupir jusqu'à ce que les cuisses soient légèrement inclinées en direction du sol.

Revenez à la position de départ. Faites l'exercice 8 fois.

Étirements

CHAPITRE 5

89 Dos sur le ballon, étirement de la poitrine dégagée

1

1. Allongez-vous sur le dos sur le ballon au sol. Le haut du dos et les épaules sont en appui sur le ballon, la tête est détendue et en suit la courbe, vers le bas. Pliez la jambe droite et portez votre poids sur le genou droit et sur le tibia tout en tendant la jambe gauche de façon à ce qu'elle soit bien allongée, le pied posé au sol.

2. Expirez et roulez vers la droite, les bras allongés le long du ballon. Vous devriez sentir la poitrine se dégager et s'étirer. Les épaules sont loin des oreilles, et les hanches sont bien droites sur le devant du corps.

Recommencez l'exercice de l'autre côté.

Vous pouvez étirer n'importe quelle partie du corps en la laissant pendre du sommet du ballon. Parmi les variantes de cet étirement : le bas du torse sur le dessus du ballon (vous aurez peut-être à poser les mains au sol pour vous soutenir) ; le côté du corps sur le dessus du ballon (ce mouvement étirera le côté qui fait face au plafond), et le torse sur le ballon pour étirer le dos.

Étirement ventral et latéral

90

① Asseyez-vous au sol face au ballon, les jambes écartées en grand V. Posez les mains sur le dessus du ballon. Assurez-vous que les fesses touchent le sol et que les cuisses sont tournées vers l'intérieur, en retrait des hanches (les rotules doivent faire face au plafond). Le dos est détendu et les épaules sont baissées.

② Faites rouler le ballon vers la gauche à l'aide de la main droite posée sur le dessus du ballon. Simultanément, relevez le bras droit au-dessus de la tête et déposez la main gauche devant la cuisse droite, étirant ainsi le côté droit de votre corps. Assurez-vous que les fesses ne sont pas décollées du sol. Si elles le sont, diminuez l'intensité de l'étirement. Levez la tête vers le plafond pour intensifier l'étirement.

Gardez la pose quelques secondes et répétez de l'autre côté.

91 Fente latérale en position assise

1. Asseyez-vous, les jambes de chaque côté du ballon et tournées vers l'extérieur. Pliez le genou droit de façon à effectuer une fente latérale. Tout en déplaçant les jambes, inclinez le torse vers la droite, et amenez le bras droit sur le genou droit. Levez le bras gauche en ligne avec le côté gauche, au-dessus de la tête ; le bras doit être bien tendu.

2. Comptez jusqu'à deux pour parvenir à la dernière partie du mouvement ; restez dans cette position en comptant jusqu'à deux ; puis recommencez en changeant de côté.

Faites l'exercice 8 fois avec chaque bras.

Développez les muscles. Intégrez des exercices de résistance à votre entraînement. En augmentant la masse musculaire par rapport aux tissus adipeux, vous brûlerez encore plus de calories tous les jours, toute la journée. Saviez-vous que le muscle est le seul tissu du corps humain capable de brûler des calories ? Pour atteindre vos objectifs de forme physique, faites quelques exercices physiques trois fois par semaine.

Étirement de l'épaule, en appui sur le ballon

92

1. Debout à 30 cm (1 pi) devant le ballon, les pieds sont écartés. Pliez le haut du corps en poussant sur les hanches, l'épaule droite est posée sur le ballon, le torse est tourné vers la gauche, la main gauche est sur la hanche, le dos est droit.

2. Faites rouler le ballon sous l'épaule en vous tournant sur la gauche. Posez la main gauche sur la hanche tout en dégageant la poitrine vers la gauche. Les jambes sont tendues, mais les genoux ne sont pas verrouillés. Vous devriez ressentir l'effet du mouvement dans le haut du dos, dans l'épaule et la poitrine.

Gardez la pose quelques secondes et répétez de l'autre côté

Vous saurez que vous travaillez avec suffisamment d'intensité si vous êtes légèrement à bout de souffle (sans devoir vous arrêter pour reprendre votre souffle), et si vous éprouvez des difficultés à poursuivre une conversation pendant que vous faites un exercice. Mais si vous êtes en mesure de chanter sur la musique que vous écoutez, c'est qu'il vous faut intensifier l'exercice.

93 En appui sur le ballon, balancement de la jambe

② 

③ 

① Étalez le torse sur le ballon, la main droite au sol, la main gauche sur le ballon. Le genou droit est fléchi, posé au sol.

② Les hanches droites, levez la jambe gauche à la hauteur de la hanche. Il s'agit de la position de départ.

③ Amenez la jambe gauche devant vous, le pied fléchi, sans bouger les hanches. Vous devriez ressentir un étirement dans l'ischio-jambier. À présent, balancez lentement la jambe vers l'arrière, la pointe du pied tendue, sans bouger les fesses. Vous devriez ressentir une contraction du muscle fessier et un étirement du muscle fléchisseur des hanches. Répétez de l'autre côté.

Cet exercice permet de tonifier les fesses et d'étirer les ischio-jambiers et le muscle fléchisseur des hanches. C'est un excellent mouvement à effectuer à la fin d'un entraînement parce qu'il délie les muscles qui se trouvent près de la hanche et il allonge les muscles qui ont beaucoup travaillé pendant ces exercices.

94 Au sol : l'enfant

(1) Placez les mains sur le dessus du ballon au sol et agenouillez-vous. La tête retombe entre les bras lorsque vous laissez le ballon rouler un peu loin de vous. Vous devriez ressentir un étirement dans le bas du dos lorsque vous essayez de maintenir les hanches en place tout en tendant les bras devant vous.

Restez dans cette position pendant quelques secondes ou plus tout en inspirant et en expirant profondément.

Il a été prouvé que l'exercice physique constitue l'un des meilleurs remèdes contre les maux de dos. Si vous éprouvez des douleurs dans le bas du dos, allez marcher ou nager pour soulager la tension musculaire. Le yoga est également très bénéfique pour régler les problèmes dorsaux.

95 Au sol, jambes écartées et extension latérale des bras

(1) Asseyez-vous derrière ballon au sol, les jambes écartées en grand V. Posez les mains sur le dessus du ballon. Assurez-vous que les fesses touchent le sol et que les cuisses sont tournées vers l'intérieur, en retrait des hanches (les rotules doivent être face au plafond). Le dos est détendu et les épaules sont baissées.

(2) À présent, faites rouler le ballon vers la gauche avec la main droite. Soulevez ensuite le bras gauche au-dessus de la tête afin d'étirer le côté gauche. Assurez-vous que les fesses ne décollent pas du sol. Si elles décollent, diminuez l'intensité de l'étirement.

Gardez la position quelques secondes et répétez de l'autre côté

Les étirements sont des exercices faciles et délassants ; n'essayez pas de parvenir à une position extrême. En revanche, vous devriez ressentir un étirement au niveau des muscles que vous venez de faire travailler. Effectuez des exercices en prenant conscience de votre respiration. Étirez un peu plus un muscle sur une expiration.

Assis sur le ballon, étirement de la poitrine

96

1. Asseyez-vous légèrement en retrait du sommet du ballon, les pieds au sol.

2. Tout en gardant les épaules baissées, joignez les mains derrière le dos. Respirez profondément et levez les bras vers le plafond tout en vous penchant vers l'avant, à partir des hanches. Les hanches doivent être en appui sur le ballon, même si celui-ci recule un peu.

C'est l'heure d'une petite collation ? Choisissez des aliments complets, et non des sucres simples ou des aliments salés. Les hydrates de carbone ne sont pas les seuls responsables de la prise de poids. Ceux que l'on trouve dans les sucres simples que contiennent les barres de chocolat et dans les jus de fruits peuvent causer des problèmes. Plus le taux de sucre dans le sang est élevé, plus les calories brûleront lentement.

97 Assis sur le ballon, étirement du cou

1. Asseyez-vous sur le ballon, les pieds posés au sol, les épaules loin des oreilles, les abdominaux contractés. Les bras sont tendus, le long du corps.

2. Levez la main gauche et posez-la sur la tête, la paume juste au-dessus de l'oreille droite. Très délicatement, appuyez l'oreille contre la paume, sans lever l'épaule droite qui doit être détendue. Le ballon et les hanches ne doivent pas bouger.

Gardez la position quelques secondes puis répétez de l'autre côté.

Après une séance d'entraînement, buvez de l'eau, et si vous avez faim, mangez un œuf dur ou une banane. Il ne faut pas trop manger, mais les protéines permettront de développer les muscles, et la banane fournira des hydrates de carbone, nécessaires à une reprise d'énergie, ainsi que du potassium que vous perdez en transpirant.

Assis sur le ballon, étirement du rhomboïde

98

① Asseyez-vous sur le ballon, les abdominaux contractés, les bras le long du corps, les épaules loin des oreilles

② Les épaules détendues, serrez les mains devant vous, les bras allongés. Poussez les mains vers l'avant pour ressentir l'étirement au centre du dos. Baissez la tête entre les épaules, mais ne vous voûtez pas.

99 Assis sur le ballon, étirement latéral

1. Asseyez-vous sur le ballon, les pieds au sol, les bras le long du corps, le cou allongé, les abdominaux contractés.

2. Inspirez tout en levant le bras gauche au-dessus de la tête ; assurez-vous de ne pas lever les épaules. Puis expirez en vous penchant légèrement sur la droite, de façon à ce qu'un creux se forme sur le côté droit. Le ballon glissera un petit peu.

3. Revenez au centre et recommencez de l'autre côté. Faites l'exercice 16 fois (8 fois par côté).

Trop de personnes négligent les étirements à la fin de leur séance d'entraînement, et c'est vraiment dommage. Bien que les recherches portant sur les bienfaits des étirements se contredisent pour ce qui est de la prévention des blessures, il est difficile de passer sous silence le fait qu'ils sont vraiment relaxants. Par ailleurs, je pense que c'est une excellente transition entre l'énergie dépensée au cours d'une séance d'exercice et le reste de la journée.

Flexion latérale du genou et extension de la jambe

100

1. Étendez le côté du corps sur le ballon, la main droite au sol, la main gauche sur le ballon. Le genou droit doit être fléchi, posé au sol.

2. Les hanches sont dans le prolongement l'une de l'autre, elles forment une ligne droite et ne bougent pas grâce à la force des muscles stabilisateurs. Levez la jambe gauche à la hauteur de la hanche. Il s'agit là de la position de départ.

3. Amenez le genou gauche vers le torse. Vous devriez ressentir un étirement dans le grand fessier. À présent, ramenez lentement la jambe en position de départ en contrôlant bien le mouvement. Recommencez avec la jambe droite.

101 Debout, étirement du mollet en équilibre

1

1 Debout, les pieds joints, le ballon devant le torse, le corps allongé. Levez le talon du pied gauche tout en ressentant l'effet du mouvement dans tout le pied. Gardez la position plusieurs secondes puis posez le talon sur le sol et recommencez avec le pied droit.

Programme d'exercice de 30 minutes

CHAPITRE 6

Dans un programme d'exercice de 30 minutes, c'est l'intensité avec laquelle on effectue les exercices qui est essentielle. La plupart des gens pensent qu'un programme plus court est plus facile à exécuter qu'un programme plus long, mais c'est faux. La plupart des gens, même les athlètes dont la forme physique est excellente, ne peuvent pas soutenir longtemps une intensité extrême. Par conséquent, si vous décidez d'exécuter des exercices pendant 30 minutes seulement, faites en sorte que cette demi-heure en vaille la peine.

Dans ce chapitre, les exercices que je vous propose n'exigent pas que l'on se déplace du sol au mur et du mur au sol. On ne se déplace pas, d'abord pour gagner du temps, et, ensuite, pour que l'enchaînement soit efficace. Il s'agit là d'une bonne astuce à garder à l'esprit quand on a cinq ou dix minutes de libres. Avant de commencer la série d'exercices, choisissez la façon dont vous allez travailler avec le ballon : contre le mur, au sol ou debout. Une fois que vous aurez décidé, commencez le programme.

Programme d'exercice de 30 minutes

RÉCHAUFFEMENT

CARDIO 5

Déplacement latéral, torsion avec ballon

(page 36)

Faites l'exercice 16 fois de chaque côté, puis faites immédiatement l'exercice suivant.

CARDIO 6

Mouvements circulaires au-dessus de la tête avec le ballon

(page 37)

Faites l'exercice 8 fois de chaque côté, puis faites immédiatement l'exercice suivant.

CARDIO 27

Surplace et ballon devant la poitrine

(page 58)

Faites l'exercice 32 fois (16 fois par pied).

CARDIO 13

Surplace, ballon devant la poitrine

(page 44)

Faites l'exercice 16 fois (8 fois par pied).

CARDIO 14

Surplace, ballon au-dessus de la tête

(page 45)

Faites l'exercice 16 fois (8 fois par pied).

Programme d'exercice de 30 minutes

CARDIO/RELÂCHEMENT

CARDIO 20

Fente latérale, ballon baissé

(page 51)

Faites l'exercice 16 fois (8 fois de chaque côté).

CARDIO 19

Pliés et rotation latérale du ballon

(page 50)

Faites l'exercice 16 fois (8 fois de chaque côté).

CARDIO 16

Pliés assis, ballon entre les jambes

(page 47)

Faites l'exercice 16 fois.

ÉTIREMENT 91

Fente latérale en position assise

(page 124)

Faites l'exercice 16 fois (8 fois de chaque côté).

ÉTIREMENT APRÈS DES EXERCICES CARDIOVASCULAIRES

ÉTIREMENT 94

Au sol : l'enfant

(page 127)

Restez dans cette position pendant 10 secondes ou plus tout en inspirant et en expirant profondément.

ÉTIREMENT 101

Debout, étirement du mollet en équilibre

(page 134)

Faites l'exercice 16 fois (8 fois de chaque côté).

Programme d'exercice de 30 minutes

EXERCICES DE TONICITÉ

RAFFERMISSEMENT 72

Fente avant, position debout

(page 104)

Faites l'exercice 8 fois avec la jambe droite avancée, puis changez de jambe et refaites-le 8 fois.

RAFFERMISSEMENT 87

Fente avant

(page 119)

Faites l'exercice 4 fois en avançant, tournez-vous dans la direction opposée et avancez encore 4 fois. Exécutez l'enchaînement dans les deux sens.

RAFFERMISSEMENT 73

Position accroupie, ballon dans les mains

(page 105)

Faites l'exercice rapidement : comptez un en vous levant et un en vous accroupissant. Faites l'exercice 16 fois.

RAFFERMISSEMENT 51

Décollage du bassin

(page 83)

Faites l'exercice 8 fois.

RAFFERMISSEMENT 49

Extension des jambes, flexion des cuisses

(page 81)

Faites l'exercice 16 fois.

RAFFERMISSEMENT 54

Extension d'une jambe sur ballon

(page 86)

Faites l'exercice 16 fois (8 fois par jambe), ce qui sera probablement difficile au début.

Programme d'exercice de 30 minutes

PAS DE DANSE

Cardio 3

Pas de tango, ballon au-dessus de la tête

(page 34)

Faites 4 pas en avançant, puis reculez de 4 pas. Faites cet exercice 4 fois dans chaque sens pour chaque jambe, 16 fois en tout.

Cardio 12

« Mambo » et rotation du ballon

(page 43)

Faites l'exercice 4 fois, puis faites immédiatement l'exercice suivant.

Cardio 18

« Mambo » latéral et ballon levé

(page 49)

Faites l'exercice 8 fois de chaque côté (en faisant un pas de Cha-cha-cha entre chaque changement), puis faites immédiatement l'exercice suivant.

Cardio 2

« Cha-cha-cha » et « Mambo »

(page 33)

*Exécutez cet exercice 1 fois de chaque côté, puis refaites immédiatement l'exercice précédent (**« Mambo » latéral et ballon levé**). Exécutez 20 fois l'enchaînement au complet. Le cha-cha-cha est un exercice de transition vous permettant de passer du mambo sur la droite au mambo sur la gauche. Vous avez dit « danser » ?*

ENCHAÎNEMENT D'EXERCICES CARDIO

Enchaînez les 4 exercices ci-dessous, l'un à la suite de l'autre. Exécutez l'enchaînement dans un sens, 4 fois ; puis dans l'autre, 4 fois.

Programme d'exercice de 30 minutes

POUR TONIFIER LES MUSCLES, CONTRE LE MUR

RAFFERMISSEMENT 81

Extension des triceps, avec haltères

(page 113)

Faites 2 séries de 8.

RAFFERMISSEMENT 84

Accroupissement, une seule jambe, avec haltères

(page 116)

Revenez à la position de départ, puis faites l'exercice 8 fois chaque jambe. Au début, l'exercice peut être très intense ; débutez lentement et augmentez progressivement le nombre de répétitions.

RAFFERMISSEMENT 75

Extension latérale des jambes

(page 107)

Faites l'exercice 16 fois, puis recommencez de l'autre côté.

RAFFERMISSEMENT 74

Extension des mollets

(page 106)

Faites l'exercice 16 fois.

RAFFERMISSEMENT 82

Caracoles debout

(page 114)

Faites l'exercice 32 fois (16 fois par pied). Si vous le désirez, effectuez deux séries.

RAFFERMISSEMENT 80

Développé des épaules et accroupissement, avec haltères

(page 112)

Faites l'exercice 16 fois.

RAFFERMISSEMENT 79

Développé des épaules et extension des mollets, avec haltères

(page 111)

Faites l'exercice 16 fois.

Programme d'exercice de 30 minutes

ENCHAÎNEMENT CARDIO 3

CARDIO 23

Tapotement du pied en position latérale et rotation du ballon

(page 54)

Faites l'exercice 16 fois dans chaque direction.

CARDIO 5

Déplacement latéral, torsion avec ballon

(page 36)

Faites l'exercice 16 fois dans chaque direction, puis faites immédiatement l'exercice suivant.

CARDIO 24

Pas chassé latéral, ballon au-dessus de la tête

(page 55)

Faites l'exercice 1 fois sur la droite ; puis refaites l'exercice Cardio 23. Exécutez cet enchaînement 4 fois. Puis refaites cet exercice sur la gauche. Exécutez cet enchaînement 4 fois.

À présent, enchaînez tous ces exercices ; commencez par l'exercice du tapotement du pied ; ensuite, faites les exercices de mouvement latéral ; puis, faites le pas chassé latéral et reprenez les exercices de mouvement latéral. Faites jouer de la musique, et commencez à bouger ; essayez d'exécuter cet enchaînement pendant 3 minutes.

RAFFERMISSEMENT 78

Fente avant contre le mur, la rame avec haltères

(page 110)

Faites l'exercice 16 fois de chaque côté.

RAFFERMISSEMENT 76

Fente avant contre un mur, renvoi des triceps

(page 108)

Faites l'exercice 16 fois de chaque côté.

RAFFERMISSEMENT 77

Fente avant contre un mur, oiseau inversé avec haltères

(page 109)

Faites l'exercice 16 fois.

RAFFERMISSEMENT 83

Pompes face au mur

(page 115)

Faites l'exercice 16 fois.

Programme d'exercice de 30 minutes

ÉTIREMENT FINAL

ÉTIREMENT 95

Au sol, jambes écartées et extension latérale des bras

(page 128)

Restez dans cette position pendant 5 cycles de respiration (un cycle se compose d'une inspiration et d'une expiration). Revenez à la position de départ, et recommencez de l'autre côté.

ÉTIREMENT 94

Au sol : l'enfant

(page 127)

Restez dans cette position pendant 5 cycles de respiration (un cycle se compose d'une inspiration et d'une expiration). Revenez à la position de départ. Faites cet exercice autant de fois que vous le désirez.

Programme d'exercice de 60 minutes

CHAPITRE 7

Aménagez un espace dans votre salon ou dans votre chambre, branchez votre iPod ou mettez un disque de musique énergique et dynamique, et préparez-vous à bouger intensément, à une allure régulière, pendant une heure. Vous devrez bien sûr, de temps à autre, jeter un coup d'œil au livre pour avoir une idée de l'exercice suivant à effectuer, mais après avoir exécuté les enchaînements plusieurs fois, vous aurez vite fait de savoir ce qui s'en vient, et n'aurez plus alors à consulter le livre aussi souvent.

Ce programme n'est pas facile à exécuter, et les mouvements doivent être vraiment rigoureux ; par cela je veux dire que vos mouvements doivent être exécutés pleinement : tendez les bras le plus haut possible au-dessus de la tête, en tenant le ballon dans les mains, ou alors, lorsque vous vous accroupissez, essayez de descendre le plus bas possible. Pas de demi-mesure ! Le ballon joue certes le rôle de résistance, mais il vous faut quand même faire bouger le corps de façon efficace, le corps bien allongé et fort.

Ce programme de 60 minutes ressemble à tous les programmes offerts dans les salles de conditionnement physique ; autrement dit, vous devez exécuter tous les exercices à bonne allure.

Programme d'exercice de 60 minutes

ENCHAÎNEMENT CARDIO 1

CARDIO 15

Surplace et rotation du ballon

(page 46)

Faites l'exercice 16 fois (8 fois par pied).

CARDIO 21

Pas latéral et rotation du ballon

(page 52)

Faites l'exercice 16 fois (8 fois de chaque côté).

CARDIO 4

Déplacement latéral et ballon sur le côté

(page 35)

Faites l'exercice 1 fois vers la droite, puis faites 4 fois ***Surplace et rotation du ballon****. Enchaînez avec cet exercice-ci vers la gauche et recommencez* ***Surplace et rotation du ballon****. Exécutez l'enchaînement au complet 4 fois.*

CARDIO 24

Pas chassé latéral, ballon au-dessus de la tête

(page 55)

Faites l'exercice 1 fois vers la droite, puis faites ***Pas latéral et rotation du ballon****. Exécutez cet enchaînement 4 fois, puis enchaînez avec cet exercice-ci vers la gauche. Exécutez l'enchaînement au complet 4 fois.*

CARDIO/RELÂCHEMENT

CARDIO 20

Fente latérale, ballon baissé

(page 51)

Faites l'exercice 16 fois (8 fois de chaque côté).

CARDIO 19

Pliés et rotation latérale du ballon

(page 50)

Faites l'exercice 16 fois (8 fois de chaque côté).

CARDIO 16

Pliés assis, ballon entre les jambes

(page 47)

Faites l'exercice 16 fois.

ÉTIREMENT 91

Fente latérale en position assise

(page 124)

Faites l'exercice 16 fois (8 fois de chaque côté).

Programme d'exercice de 60 minutes

ÉTIREMENT

RAFFERMISSEMENT 67

Position assise sur le ballon, extension d'une jambe et torsion
(page 99)

Faites l'exercice 4 fois, puis recommencez de l'autre côté. Faites une autre série de chaque côté.

ÉTIREMENT 93

En appui sur le ballon, balancement de la jambe
(page 126)

Faites 2 séries.

ÉTIREMENT 101

Debout, étirement du mollet en équilibre
(page 134)

Faites l'exercice 16 fois (8 fois de chaque côté).

ÉTIREMENT 100

Flexion latérale du genou et extension de la jambe
(page 133)

Maintenez cet étirement pendant 20 secondes, puis recommencez de l'autre côté.

ÉTIREMENT 92

Étirement de l'épaule, en appui sur le ballon
(page 125)

Maintenez cet étirement pendant 20 secondes, puis recommencez de l'autre côté.

RAFFERMISSEMENT 71

Fente arrière en position debout
(page 103)

Exécutez l'exercice 8 fois avec la jambe droite, puis recommencez avec la jambe gauche. Exécutez l'enchaînement une autre fois.

RAFFERMISSEMENT 73

Position accroupie, ballon dans les mains
(page 105)

Faites l'exercice 16 fois.

RAFFERMISSEMENT 39

Position allongée sur le ventre, flexion d'une jambe avec haltère
(page 71)

Faites l'exercice 16 fois (8 fois de chaque côté).

Programme d'exercice de 60 minutes

ÉTIREMENT (SUITE)

ÉTIREMENT 93

En appui sur le ballon, balancement de la jambe

(page 126)

Exécutez l'enchaînement 16 fois, puis recommencez de l'autre côté.

RAFFERMISSEMENT 70

En appui sur le ballon, extension de la jambe devant le corps

(page 102)

Faites l'exercice 16 fois (8 fois de chaque côté).

RAFFERMISSEMENT 56

Torse sur le ballon, extension de la jambe vers l'arrière

(page 88)

Faites l'exercice 16 fois (8 fois de chaque côté).

ENCHAÎNEMENT CARDIO 2

CARDIO 12

« Mambo » et rotation du ballon

(page 43)

Faites l'exercice 4 fois puis poursuivez immédiatement avec l'exercice suivant.

CARDIO 18

« Mambo » latéral et ballon levé

(page 49)

*Faites l'exercice 8 fois de chaque côté (avant chaque changement de côté, faites l'exercice suivant, **«Cha-cha-cha » et « Mambo »**), puis le suivant.*

CARDIO 2

« Cha-cha-cha » et « Mambo »

(page 33)

*Faites l'exercice 1 fois de chaque côté, puis enchaînez avec l'exercice précédent, **«Mambo » latéral et ballon levé**. Exécutez cet enchaînement 20 fois.*

RAFFERMISSEMENT 30

Position agenouillée, la rame avec haltère

(page 62)

Faites l'exercice 16 fois de chaque côté.

Programme d'exercice de 60 minutes

CARDIO/ RELÂCHEMENT 7

Position allongée sur le ventre, mains sur le ballon

(page 38)

Maintenez pendant 5 cycles de respiration. Revenez ensuite à la position de départ. Recommencez autant de fois que vous le désirez.

RAFFERMISSEMENT 40

Position allongée sur le ventre, extension dorsale et de la jambe

(page 72)

Faites l'exercice 16 fois de chaque côté.

CARDIO 11

Poitrine allongée sur le ballon, extension du dos et des bras

(page 42)

Faites l'exercice 16 fois de chaque côté.

RAFFERMISSEMENT 36

Position allongée sur le dos, traction arrière avec haltères

(page 68)

Faites l'exercice 16 fois.

RAFFERMISSEMENT 35

Position allongée sur le dos, mouvement dynamique avec haltères

(page 67)

Faites l'exercice 16 fois.

CARDIO 26

Avancer/reculer, ballon au-dessus de la tête

(page 57)

Avancez de 8 pas, puis reculez de 8 pas.

Faites l'exercice 4 fois.

CARDIO 3

Pas de tango, ballon au-dessus de la tête

(page 34)

Avancez de 4 pas, puis reculez de 4 pas. Faites l'exercice 4 fois dans chaque direction, soit 16 fois en tout.

CARDIO 23

Tapotement du pied en position latérale et rotation du ballon

(page 54)

Faites l'exercice 16 fois dans chaque direction.

Programme d'exercice de 60 minutes

ENCHAÎNEMENT CARDIO 2 (SUITE)

CARDIO 22

Tapotement du pied et torsion-rotation
(page 53)

Faites l'exercice 8 fois de chaque côté.

CARDIO/ RELÂCHEMENT 9

Position allongée sur le ventre, mouvement circulaire des jambes
(page 40)

Faites l'exercice 8 fois de chaque côté.

RAFFERMISSEMENT 38

Position allongée sur le ventre, battement des jambes
(page 70)

Faites l'exercice 16 fois.

CARDIO/ RELÂCHEMENT 8

Position allongée sur le ventre, lever jambes fléchies
(page 39)

Faites l'exercice 8 fois. Prenez une pause (vous pouvez vous détendre sur le ballon si vous le désirez) et refaites l'exercice encore 8 fois.

RAFFERMISSEMENT 85

Lever arrière de la jambe
(page 117)

Faites l'exercice 16 fois (8 fois par jambe).

RAFFERMISSEMENT 86

Pliés avec haltères
(page 118)

Faites l'exercice 16 fois.

Programme d'exercice de 60 minutes

ENCHAÎNEMENT CARDIO 3

CARDIO 21

Pas latéral et rotation du ballon

(page 52)

Faites l'exercice 16 fois (8 fois de chaque côté)

CARDIO 4

Déplacement latéral et ballon sur le côté

(page 35)

Faites l'exercice 1 fois vers la droite, puis enchaînez avec l'exercice précédent, ***Cardio 21****. Reprenez ensuite cet exercice vers la gauche. Recommencez l'exercice précédent 4 fois. Exécutez tout l'enchaînement 4 fois.*

CARDIO 6

Mouvements circulaires au-dessus de la tête avec le ballon

(page 37)

Faites l'exercice 8 fois de chaque côté.

RAFFERMISSEMENT 32

Position allongée sur le dos, l'oiseau avec haltères

(page 64)

Faites l'exercice 16 fois.

RAFFERMISSEMENT 33

Position allongée sur le dos, développé pectoral avec haltères

(page 65)

Faites l'exercice 16 fois.

RAFFERMISSEMENT 28

Adduction des bras en position inclinée

(page 60)

Faites l'exercice 16 fois.

RAFFERMISSEMENT 41

Position allongée sur le ventre, pompes

(page 73)

Essayez de faire l'exercice 16 fois (il vous faudra peut-être y aller progressivement).

Programme d'exercice de 60 minutes

EXERCICES POUR TONIFIER LE HAUT DU CORPS

Raffermissement 66

Position assise sur le ballon, les trois 7

(page 98)

Faites l'exercice 16 fois.

Raffermissement 62

Position assise sur le ballon, bras tendus avec haltères

(page 94)

Faites cet exercice 16 fois de chaque côté.

Raffermissement 69

Position assise sur le ballon, les trois 7 sur le côté

(page 101)

Faites l'exercice 16 fois de chaque côté.

Raffermissement 64

Position assise sur le ballon, développé des épaules, avec haltères

(page 96)

Faites l'exercice 16 fois de chaque côté.

ENCHAÎNEMENT CARDIO 1

Cardio 12

« Mambo » et rotation du ballon

(page 43)

Faites l'exercice 4 fois, puis enchaînez immédiatement avec l'exercice suivant.

Cardio 23

Tapotement du pied en position latérale et rotation du ballon

(page 54)

Faites l'exercice 16 fois dans chaque direction.

Cardio 20

Fente latérale, ballon baissé

(page 51)

Faites l'exercice 16 fois (8 fois de chaque côté).

Cardio 4

Déplacement latéral et ballon sur le côté

(page 35)

Faites l'exercice 1 fois vers la droite, puis enchaînez avec l'exercice ***Cardio 23****. Reprenez cet exercice vers la gauche. Refaites ensuite l'exercice* ***Cardio 23****, 4 fois. Répétez l'enchaînement 4 fois.*

Programme d'exercice de 60 minutes

RAFFERMISSEMENT 73

Position accroupie, ballon dans les mains

(page 105)

Faites l'exercice 16 fois.

CARDIO 26

Avancer/reculer, ballon au-dessus de la tête

(page 57)

Faites l'exercice 16 fois (8 fois de chaque côté).

RAFFERMISSEMENT 31

Position agenouillée sur le ballon, extension des triceps

(page 63)

Faites l'exercice 8 fois. Faites une pause de 10 secondes, puis recommencez 8 fois.

RAFFERMISSEMENT 68

Position assise sur le ballon, extension des triceps avec haltères

(page 100)

Faites deux séries de 8 répétitions chacune.

RAFFERMISSEMENT 65

Position assise sur le ballon, coiffe des rotateurs

(page 97)

Faites l'exercice 16 fois.

RAFFERMISSEMENT 34

Position allongée sur le dos, extension des triceps avec haltères

(page 66)

Revenez à la position de départ, puis faites l'exercice 16 fois.

Programme d’exercice de 60 minutes

EXERCICES POUR TONIFIER LES ABDOMINAUX

RAFFERMISSEMENT 46

Contraction de l’intérieur des cuisses et flexion abdominale

(page 78)

Faites l’exercice 16 fois.

RAFFERMISSEMENT 48

Roulade avant et contraction de l’intérieur de la cuisse

(page 80)

Faites l’exercice 8 fois (si vous le pouvez). Exécutez une série de 8 répétitions.

RAFFERMISSEMENT 47

Contraction de l’intérieur des cuisses et extension du bras

(page 79)

Faites l’exercice 16 fois de chaque côté.

RAFFERMISSEMENT 53

Ciseaux

(page 85)

Faites l’exercice 32 fois (16 fois dans chaque direction).

RAFFERMISSEMENT 44

Exercice au sol : contraction de l’intérieur des cuisses

(page 76)

Faites l’exercice 16 fois, puis changez de côté. En prime : si vous essayez de décoller le côté du corps qui est au sol, à partir de la hanche, vous tonifierez les obliques des deux côtés du corps !

RAFFERMISSEMENT 52

Roulade

(page 84)

Faites l’exercice 3 fois.

RAFFERMISSEMENT 51

Décollage du bassin

(page 83)

Faites l’exercice 32 fois (16 fois de chaque côté).

RAFFERMISSEMENT 58

Assis sur le ballon, flexion abdominale, bras tendus

(page 90)

Faites l’exercice 16 fois.

Programme d'exercice de 60 minutes

Raffermissement 57

Flexion abdominale et mouvement circulaire des bras

(page 89)

Faites l'exercice 16 fois.

Raffermissement 59

Flexion abdominale et extension du bras vers l'arrière

(page 91)

Faites l'exercice 16 fois.

Raffermissement 61

Position assise sur le ballon, torsion des muscles stabilisateurs

(page 93)

Faites l'exercice 16 fois (8 fois de chaque côté).

Raffermissement 50

Torsion des obliques

(page 82)

Faites l'exercice 32 fois (16 fois de chaque côté).

Étirement 99

Assis sur le ballon, étirement latéral

(page 132)

Faites l'exercice 16 fois (8 fois de chaque côté).

Étirement 97

Assis sur le ballon, étirement du cou

(page 130)

Restez dans cette position pendant 10 secondes, puis recommencez de l'autre côté. Vous pouvez recommencer 2 autres fois si vous le désirez.

Étirement 96

Assis sur le ballon, étirement de la poitrine

(page 129)

Restez dans cette position aussi longtemps que vous le souhaitez (au moins 30 secondes, toutefois) pour bien sentir l'étirement du dos.

Étirement 98

Assis sur le ballon, étirement du rhomboïde

(page 131)

Restez dans cette position pendant 10 secondes.

Programme d'exercice de 60 minutes

EXERCICES POUR TONIFIER LES ABDOMINAUX (SUITE)

Étirement 89

Dos sur le ballon, étirement de la poitrine dégagée
(page 122)

Restez dans cette position pendant 30 secondes, puis changez de côté. Vous pouvez faire cet exercice 2 autres fois si vous le désirez.

Étirement 94

Au sol : l'enfant
(page 127)

Tout en respirant profondément, restez dans cette position pendant 30 secondes (ou plus longtemps).

Dix programmes spécifiques

CHAPITRE 8

Rien ne peut véritablement remplacer un programme complet d'exercice. Pour être en bonne forme physique, il n'y a pas d'autre solution que de maintenir un rythme cardiaque élevé et de faire travailler les muscles. Cela étant dit, je pense — et les recherches l'ont bien montré — que des programmes d'exercice plus courts et des mouvements de durée plus courte sont bénéfiques pour la santé et pour la forme physique. Être assis à regarder la télévision pendant des heures d'affilée, être assis dans une voiture, être assis derrière un bureau... bref, vous voyez le problème. Il est tout simplement impossible de brûler des calories et d'avoir un cœur en santé si vous passez votre temps assis.

De nos jours, il est certes difficile de ne pas être souvent assis ; ce chapitre vous aidera toutefois à intégrer des programmes d'exercice courts à votre vie quotidienne. N'écartez pas du revers de la main les bienfaits d'un programme de 5 minutes, destiné à faire travailler les abdominaux, ni un programme d'exercice de 20 minutes. Cinq minutes suffisent amplement à faire travailler les principaux groupes musculaires ; un programme d'exercice à grande intensité de 20 minutes permet de maintenir un rythme cardiaque plus élevé que ne le ferait une séance d'entraînement régulier de 60 minutes. Ces programmes d'exercice courts sont un parfait complément à votre entraînement hebdomadaire ou bihebdomadaire.

Programme de 20 minutes, pour tout le corps

Cet excellent enchaînement permet de faire travailler à la fois le haut et le bas du corps, le cœur et les muscles stabilisateurs. Vous devez exécuter chacun des mouvements pendant 1 minute pour que votre rythme cardiaque reste élevé pendant les 20 minutes du programme, même lorsque vous effectuez des exercices de force musculaire. Ce programme vous permettra de fortifier tout le corps !

CARDIO 23

Tapotement du pied en position latérale et rotation du ballon

(page 54)

Exécutez cet exercice pendant 1 minute.

CARDIO/ RELÂCHEMENT 9

Position allongée sur le ventre, mouvement circulaire des jambes

(page 40)

Exécutez cet exercice pendant 1 minute, en changeant de côté.

RAFFERMISSEMENT 41

Position allongée sur le ventre, pompes

(page 73)

Faites l'exercice 16 fois (il vous faudra peut-être y aller progressivement).

CARDIO/ RELÂCHEMENT 11

Poitrine allongée sur le ballon, extension du dos et des bras

(page 42)

Faites l'exercice 16 fois de chaque côté.

CARDIO 17

Pas latéral et rotation du ballon

(page 48)

Exécutez cet exercice pendant 1 minute.

RAFFERMISSEMENT 38

Position allongée sur le ventre, battement des jambes

(page 70)

Exécutez cet exercice pendant 1 bonne minute.

RAFFERMISSEMENT 64

Position assise sur le ballon, développé des épaules, avec haltères

(page 96)

Faites l'exercice 16 fois.

RAFFERMISSEMENT 60

Position assise sur le ballon, flexion abdominale avant

(page 92)

Exécutez cet exercice pendant 1 bonne minute.

Programme de 20 minutes, pour tout le corps

Cardio 6

Mouvements circulaires au-dessus de la tête avec le ballon

(page 37)

Faites cet exercice dans chaque direction pendant 1 bonne minute.

Raffermissement 88

Accroupissement contre le mur

(page 120)

Faites cet exercice pendant 1 bonne minute.

Raffermissement 66

Position assise sur le ballon, les trois 7

(page 98)

Faites l'exercice 16 fois pour chaque mouvement.

Cardio/ relâchement 10

Poitrine allongée sur le ballon, extension du dos

(page 41)

Faites l'exercice 16 fois.

Cardio 24

Pas chassé latéral, ballon au-dessus de la tête

(page 55)

Passez d'un côté à l'autre pendant 1 bonne minute.

Raffermissement 74

Extension des mollets

(page 106)

Faites l'exercice lentement pendant 1 minute.

Raffermissement 34

Position allongée sur le dos, extension des triceps avec haltères

(page 66)

Faites l'exercice pendant 1 minute.

Raffermissement 47

Contraction de l'intérieur des cuisses et extension du bras

(page 79)

Faites l'exercice 32 fois (16 fois par côté). Cela vous prendra 1 bonne minute.

Programme de 20 minutes, pour tout le corps

CARDIO 5

Déplacement latéral, torsion avec ballon

(page 36)

Faites l'exercice dans chaque direction pendant 1 minute.

RAFFERMISSEMENT 49

Extension des jambes, flexion des cuisses

(page 81)

Exécutez l'exercice lentement pendant 1 bonne minute.

RAFFERMISSEMENT 28

Adduction des bras en position inclinée

(page 60)

Faites l'exercice pendant 1 minute.

CARDIO/ RELÂCHEMENT 7

Position allongée sur le ventre, mains sur le ballon

(page 38)

Restez dans cette position pendant 5 cycles de respiration (5 fois une inspiration et une expiration). Revenez ensuite à la position de départ. Recommencez l'exercice autant de fois que vous le désirez, en veillant à ce que la colonne vertébrale soit bien allongée.

Programme de 15 minutes, pour tout le corps

Le secret de cet enchaînement, c'est de se déplacer rapidement sans se reposer. Vous ne devez faire qu'une série de chacun des mouvements pour que votre rythme cardiaque reste élevé.

CARDIO 15

Surplace et rotation du ballon

(page 46)

Faites l'exercice 16 fois (8 fois de chaque côté).

CARDIO 12

« Mambo » et rotation du ballon

(page 43)

Faites l'exercice 4 fois. puis faites immédiatement l'exercice suivant.

CARDIO 20

Fente latérale, ballon baissé

(page 51)

Faites l'exercice 16 fois (8 fois de chaque côté).

CARDIO 19

Pliés et rotation latérale du ballon

(page 50)

Faites l'exercice 16 fois (8 fois de chaque côté).

ÉTIREMENT 91

Fente latérale en position assise

(page 124)

Faites l'exercice 16 fois (8 fois de côté).

CARDIO 16

Pliés assis, ballon entre les jambes

(page 47)

Faites l'exercice 16 fois.

ÉTIREMENT 101

Debout, étirement du mollet en équilibre

(page 134)

Faites l'exercice 16 fois (8 fois de chaque côté).

ÉTIREMENT 92

Étirement de l'épaule, en appui sur le ballon

(page 125)

Restez dans cette position pendant 30 secondes, puis recommencez, dans l'autre sens.

Programme de 15 minutes, pour tout le corps

Raffermissement 87

Fente avant

(page 119)

Avancez 4 fois, puis tournez-vous et recommencez 4 fois. Refaites cet enchaînement.

Raffermissement 88

Accroupissement contre le mur

(page 120)

Faites l'exercice 16 fois.

Raffermissement 45

Roulement des hanches et extension de la jambe

(page 77)

Faites l'exercice 16 fois (8 fois de chaque côté).

Raffermissement 86

Pliés avec haltères

(page 118)

Faites l'exercice 16 fois.

Raffermissement 75

Extension latérale des jambes

(page 107)

Faites l'exercice 16 fois, puis changez de côté.

Raffermissement 30

Position agenouillée, la rame avec haltère

(page 62)

Faites l'exercice 16 fois, puis changez de côté.

Raffermissement 29

Position allongée sur le ballon, la croix avec haltères

(page 61)

Faites l'exercice 16 fois lentement.

Raffermissement 32

Position allongée sur le dos, l'oiseau avec haltères

(page 64)

Faites l'exercice 16 fois.

Programme de 15 minutes, pour tout le corps

RAFFERMISSEMENT 69

Position assise sur le ballon, les trois 7 sur le côté

(page 101)

Faites l'exercice 16 fois (8 fois de chaque côté).

RAFFERMISSEMENT 60

Position assise sur le ballon, flexion abdominale avant

(page 92)

Revenez lentement à la position de départ, puis exécutez l'exercice 16 fois.

RAFFERMISSEMENT 61

Position assise sur le ballon, torsion des muscles stabilisateurs

(page 93)

Faites l'exercice 16 fois (8 fois de chaque côté).

ÉTIREMENT 100

Flexion latérale du genou et extension de la jambe

(page 133)

Faites l'exercice 16 fois (8 fois de chaque côté).

ÉTIREMENT 98

Assis sur le ballon, étirement du rhomboïde

(page 131)

Restez dans cette position pendant 10 secondes.

ÉTIREMENT 96

Assis sur le ballon, étirement de la poitrine

(page 129)

Restez dans cette position aussi longtemps que vous le souhaitez (pendant au moins 30 secondes) pour bien sentir l'étirement du dos.

Programme de 10 minutes, pour tout le corps

Ce programme de 10 minutes est composé d'enchaînements vite faits, bien faits, qui stimulent le taux d'endorphines et font bouger le corps. Il ne s'attarde pas sur une partie du corps en particulier et ne permet pas de brûler beaucoup de calories, mais si vous êtes resté longtemps assis, cette « pause exercice » vous détendra et vous redynamisera.

CARDIO 17

Pas latéral et rotation du ballon

(page 48)

Faites l'exercice 16 fois (8 fois de chaque côté).

CARDIO 5

Déplacement latéral, torsion avec ballon

(page 36)

Faites l'exercice 16 fois avec chaque pied, puis faites immédiatement l'exercice suivant.

CARDIO 24

Pas chassé latéral, ballon au-dessus de la tête

(page 55)

Faites l'exercice 16 fois (8 fois de chaque côté).

RAFFERMISSEMENT 72

Fente avant, position debout

(page 104)

Faites l'exercice 8 fois en avançant le pied droit, puis changez de pied. Refaites l'enchaînement.

RAFFERMISSEMENT 73

Position accroupie, ballon dans les mains

(page 105)

Faites l'exercice 16 fois.

RAFFERMISSEMENT 39

Position allongée sur le ventre, flexion d'une jambe avec haltère

(page 71)

Faites l'exercice 16 fois, puis recommencez avec l'autre jambe.

RAFFERMISSEMENT 37

Position allongée sur le ventre, flexion des jambes avec haltères

(page 69)

Faites l'exercice 16 fois.

RAFFERMISSEMENT 44

Exercice au sol : contraction de l'intérieur des cuisses

(page 76)

Faites l'exercice 16 fois, puis recommencez de l'autre côté.

Programme de 10 minutes, pour tout le corps

RAFFERMISSEMENT 32

Position allongée sur le dos, l'oiseau avec haltères
(page 64)

Faites l'exercice 16 fois.

RAFFERMISSEMENT 34

Position allongée sur le dos, extension des triceps avec haltères
(page 66)

Faites l'exercice 16 fois.

RAFFERMISSEMENT 66

Position assise sur le ballon, les trois 7
(page 98)

Faites l'exercice 16 fois.

RAFFERMISSEMENT 45

Roulement des hanches et extension de la jambe
(page 77)

Faites l'exercice 16 fois (8 fois de chaque côté).

RAFFERMISSEMENT 42

Flexion abdominale et extension des jambes au sol
(page 74)

Faites l'exercice 16 fois. Faites 2 séries de répétitions.

RAFFERMISSEMENT 51

Décollage du bassin
(page 83)

Faites l'exercice 32 fois (16 fois par côté).

ÉTIREMENT 90

Étirement ventral et latéral
(page 123)

Restez dans cette position pendant 5 cycles de respiration (5 fois une inspiration et une expiration). Revenez à la position de départ, et recommencez de l'autre côté.

RAFFERMISSEMENT 55

Extension d'une jambe au sol
(page 87)

Faites l'exercice 16 fois (8 fois par jambe).

Programme de 10 minutes, pour tout le corps

Raffermissement 43

Croisé au sol
(page 75)

Faites l'exercice 16 fois (8 fois de chaque côté).

Raffermissement 48

Roulade avant et contraction de l'intérieur de la cuisse
(page 80)

Faites l'exercice 16 fois (si vous y arrivez).

Raffermissement 52

Roulade
(page 84)

Faites l'exercice 3 fois.

Étirement 101

Debout, étirement du mollet en équilibre
(page 134)

Faites l'exercice 16 fois (8 fois de chaque côté).

Étirement 92

Étirement de l'épaule, en appui sur le ballon
(page 125)

Restez dans cette position pendant 20 secondes, puis changez de côté.

Étirement 97

Assis sur le ballon, étirement du cou
(page 130)

Restez dans cette position pendant 10 secondes, puis recommencez de l'autre côté. Si vous le désirez, recommencez encore 2 fois.

Étirement 89

Dos sur le ballon, étirement de la poitrine dégagée
(page 122)

Restez dans cette position pendant 10 secondes, puis recommencez de l'autre côté. Si vous le désirez, recommencez encore 2 fois.

Programme de 5 minutes pour les abdominaux

Le secret de cet enchaînement consiste à faire deux séries de répétitions afin de bien fatiguer les muscles. Ne vous pressez pas ; n'oubliez pas de bien respirer : il faut expirer en faisant l'effort (lorsqu'on lève le torse) et inspirer en relâchant (lorsqu'on baisse le torse).

RAFFERMISSEMENT 60

Position assise sur le ballon, flexion abdominale avant

(page 92)

Faites l'exercice 16 fois.

RAFFERMISSEMENT 57

Flexion abdominale et mouvement circulaire des bras

(page 89)

Faites l'exercice 16 fois.

RAFFERMISSEMENT 59

Flexion abdominale et extension du bras vers l'arrière

(page 91)

Faites l'exercice 16 fois.

RAFFERMISSEMENT 46

Contraction de l'intérieur des cuisses et flexion abdominale

(page 78)

Faites l'exercice 16 fois.

RAFFERMISSEMENT 47

Contraction de l'intérieur des cuisses et extension du bras

(page 79)

Faites l'exercice 32 fois (16 fois de chaque côté).

À présent, revenez au début de cet enchaînement et recommencez.

Programme de 5 minutes pour les abdominaux

Allez marcher pour compléter cet enchaînement. Non seulement vos jambes s'affineront, mais vous brûlerez également des calories. Et si, par ailleurs, vous désirez galber les fesses, grimpez une pente ; vous remarquerez vite une différence dans le bas du corps.

RAFFERMISSEMENT 67

Position assise sur le ballon, extension d'une jambe et torsion

(page 99)

Faites l'exercice 32 fois (16 fois avec chaque jambe).

RAFFERMISSEMENT 72

Fente avant, position debout

(page 104)

Faites l'exercice 8 fois puis recommencez avec l'autre jambe. Refaites l'enchaînement.

RAFFERMISSEMENT 87

Fente avant

(page 119)

Faites l'exercice 4 fois en avançant, tournez-vous et recommencez 4 fois avec l'autre jambe. Recommencez l'enchaînement.

RAFFERMISSEMENT 73

Position accroupie, ballon dans les mains

(page 105)

Faites l'exercice 16 fois.

RAFFERMISSEMENT 86

Pliés avec haltères

(page 118)

Faites l'exercice 16 fois.

RAFFERMISSEMENT 75

Extension latérale des jambes

(page 107)

Faites l'exercice 16 fois, puis changez de jambe.

RAFFERMISSEMENT 39

Position allongée sur le ventre, flexion d'une jambe avec haltère

(page 71)

Faites l'exercice 16 fois, puis changez de jambe.

Programme de 5 minutes pour les fesses

Il faut deux choses pour avoir de jolies fesses : un peu de muscle et un peu de tissu adipeux. Les muscles permettent aux fesses de ne pas s'affaisser et d'être fermes ; les tissus adipeux leur donnent un galbe. Des fesses parfaites témoignent de votre état de santé : il est en effet impossible d'être longtemps assis, de ne faire aucun exercice et d'avoir des fesses bien galbées. De jolies fesses signifient que vous prenez soin de vous et que vous êtes actif.

CARDIO/RELÂCHEMENT 9

Position allongée sur le ventre, mouvement circulaire des jambes (page 40).

Faites l'exercice 16 fois dans chaque direction, puis changez de jambe.

RAFFERMISSEMENT 38

Position allongée sur le ventre, battement des jambes (page 70)

Faites l'exercice 8 fois, puis recommencez de l'autre côté.

RAFFERMISSEMENT 85

Lever arrière de la jambe (page 117)

Faites l'exercice 8 fois, puis changez de jambe.

RAFFERMISSEMENT 49

Extension des jambes, flexion des cuisses (page 81)

Faites l'exercice 16 fois.

RAFFERMISSEMENT 54

Extension d'une jambe sur ballon (page 86)

Faites l'exercice 16 fois (ce qui sera probablement difficile au début). Changez de jambe.

CARDIO/RELÂCHEMENT 8

Position allongée sur le ventre, lever jambes fléchies (page 39)

Faites l'exercice 8 fois. Faites une pause (sur le ballon si vous le souhaitez), puis recommencez.

Programme de 5 minutes pour le dos

Il est clair que je n'ai pas fait attention à moi lorsque je me voûte dès que je suis fatiguée. Bien qu'un dos puissant et sain ne soit pas la partie du corps qui attire le plus les regards, il est essentiel de l'entretenir. Les spécialistes de conditionnement physique consacrent beaucoup de temps aux muscles dorsaux, parce qu'il est impossible de dissimuler un dos affaibli. Les exercices pour renforcir le dos éliminent les maux de dos et procurent une belle posture élancée.

RAFFERMISSEMENT 78

Fente avant contre le mur, la rame avec haltères

(page 110)

Faites l'exercice 16 fois, puis changez de bras.

RAFFERMISSEMENT 35

Position allongée sur le dos, mouvement dynamique avec haltères

(page 67)

Faites l'exercice 16 fois.

RAFFERMISSEMENT 40

Position allongée sur le ventre, extension dorsale et de la jambe

(page 72)

Faites l'exercice 16 fois, puis changez de jambe.

CARDIO/ RELÂCHEMENT 10

Poitrine allongée sur le ballon, extension du dos

(page 41)

Faites l'exercice 16 fois.

CARDIO/ RELÂCHEMENT 11

Poitrine allongée sur le ballon, extension du dos et des bras

(page 42)

Faites l'exercice 16 fois, puis changez de bras.

Programme de 5 minutes pour les bras

Qu'il est agréable de pouvoir porter des débardeurs, des chemisettes ou une jolie robe bustier! En fait, il en faut peu pour avoir de jolis bras. Effectuez cet enchaînement plusieurs fois par semaine et vous remarquerez une réelle différence dans le galbe des bras. N'ayez pas peur de soulever des poids plus lourds — les femmes dont vous admirez les bras sveltes et élégants soulèvent certainement des poids plus lourds que vous n'en soulèverez jamais.

RAFFERMISSEMENT 66

Position assise sur le ballon, les trois 7

(page 98)

Faites 2 séries de 8 répétitions.

RAFFERMISSEMENT 69

Position assise sur le ballon, les trois 7 sur le côté

(page 101)

Faites 2 séries de 8 répétitions.

RAFFERMISSEMENT 68

Position assise sur le ballon, extension des triceps avec haltères

(page 100)

Faites 2 séries de 8 répétitions.

RAFFERMISSEMENT 31

Position agenouillée sur le ballon, extension des triceps

(page 63)

Faites l'exercice 8 fois. Faites une pause de 10 secondes, puis recommencez une série de 8 répétitions.

RAFFERMISSEMENT 34

Position allongée sur le dos, extension des triceps avec haltères

(page 66)

Faites l'exercice 16 fois.

RAFFERMISSEMENT 81

Extension des triceps, avec haltères

(page 113)

Faites 2 séries de 8 répétitions.

Programme de 5 minutes pour les épaules

L'arrière des épaules est l'une des parties du corps que je préfère. Lorsqu'une femme est en bonne forme physique, une courbe gracieuse s'y dessine du dos jusqu'au bras. Une épaule bien galbée est svelte et musclée. Pour modifier l'apparence des épaules, il ne faut pas soulever des poids vraiment lourds, mais il faut travailler les trois parties du muscle, l'antérieur, le moyen et le postérieur.

RAFFERMISSEMENT 64

Position assise sur le ballon, développé des épaules, avec haltères

(page 96)

Faites l'exercice 16 fois.

RAFFERMISSEMENT 63

Position assise sur le ballon, bras tendus latéralement avec haltères

(page 95)

Faites l'exercice 32 fois (16 fois avec chaque bras).

RAFFERMISSEMENT 62

Position assise sur le ballon, bras tendus avec haltères

(page 94)

Faites l'exercice 32 fois, (16 fois avec chaque bras).

RAFFERMISSEMENT 29

Position allongée sur le ballon, la croix, avec haltères

(page 61)

Faites l'exercice 16 fois lentement.

RAFFERMISSEMENT 65

Position assise sur le ballon, coiffe des rotateurs

(page 97)

Faites l'exercice 16 fois.

Programme de 5 minutes d'exercices Pilates

RAFFERMISSEMENT 48

Roulade avant et contraction de l'intérieur de la cuisse

(page 80)

Faites l'exercice 16 fois (si vous y parvenez).

RAFFERMISSEMENT 45

Roulement des hanches et extension de la jambe

(page 77)

Faites l'exercice 16 fois (8 fois de chaque côté)

RAFFERMISSEMENT 51

Décollage du bassin

(page 83)

Faites l'exercice 32 fois (16 fois de chaque côté).

RAFFERMISSEMENT 55

Extension d'une jambe au sol

(page 87)

Faites l'exercice 16 fois (8 fois de chaque côté).

RAFFERMISSEMENT 43

Croisé au sol

(page 75)

Faites l'exercice 16 fois (8 fois de chaque côté).

RAFFERMISSEMENT 52

Roulade

(page 84)

Faites l'exercice 3 fois.

Glossaire

Athérosclérose : se produit lorsque les corps gras s'accumulent sur les parois internes des artères, provoquant ainsi le rétrécissement des vaisseaux sanguins et forçant le cœur à travailler plus pour pomper le sang.

Deltoïde (muscle) : muscle de l'épaule, composé de trois muscles, le faisceau antérieur, le faisceau moyen et le faisceau postérieur.

Érecteur spinal (muscle) : muscle du dos dont la principale fonction consiste à permettre l'extension dorsale.

Glutéaux (muscles) : les muscles des fesses, composés du grand fessier, du moyen fessier et du petit fessier.

Grands dorsaux (muscles) : longs muscles minces qui recouvrent le dos.

Impulsion : l'impulsion ressemble à un léger ressort ; en effectuant des étirements, il est possible de transmettre une impulsion au corps sans forcer le mouvement.

Multifide (muscle) : long muscle abdominal, profond. Il a pour principale fonction de stabiliser la colonne vertébrale et de permettre l'extension dorsale (cambrure) et la rotation (torsion).

Obliques internes et externes (muscles) : les muscles de l'abdomen qui permettent d'effectuer une torsion et une flexion du tronc.

Physiothérapie : les séances de physiothérapie permettent aux patients de stabiliser et développer leurs muscles.

Port de bras : technique et pratique des mouvements du bras en danse classique.

Sacrum : dernier os de la colonne vertébrale, il se rattache au bassin dont il fait partie.

Sommet : le dessus du ballon.

Stabilisateurs (muscles) : les muscles du tronc, notamment ceux de la colonne vertébrale, du haut du dos, du bas du dos, de la poitrine et de l'abdomen.

Transverse (muscle) : le muscle abdominal le plus profond. Il s'enroule autour de la taille.

Remerciements

À mes élèves et à mes clients dont le soutien et la loyauté, au fil des ans, m'ont permis de réaliser mes rêves — posséder mon propre studio, présenter moi-même des vidéos sur l'entraînement physique, publier mon premier livre sur la forme physique : merci à ceux qui ont suivi et qui suivent mes cours d'exercice pour les commentaires judicieux présentés au cours des quinze dernières années.

Aux enseignants qui ont été une source d'inspiration dans mes efforts pour parfaire mes aptitudes à l'enseignement, et pour servir d'exemple. Mon maître, Real Isaewitz, est l'un des meilleurs instructeurs avec qui il m'a été donné de m'entraîner. Il en va de même pour Elizabeth Larkam, Lolita San Miguel, Allan Herdman, Madeline Black, Kathy Murakami, Debbie et Carlos Rosas, et Bruno Bosardi.

À Angie Bunch qui m'a ouvert les portes de l'entraînement physique qui allait devenir ma carrière. À ma première enseignante de danse, Mademoiselle Eva. Merci.

À mes amies qui ensoleillent ma vie : Portia Page, Wendy Szoke, Michelle Morgan, Dion Kentner, Lisa Moore, Amber Brown, Andrea Davis, Christina Carreno, Sheri Laine, Trina Johnson, Gaynor Dalbrat, Deborah McCloud, Aubri Almendariz, Carrie Weilan, Dana Race, Micki Papini, Pamela Barnhart.

Aux femmes que j'admire : Melissa McNeese, Donna Raskin, Andrea Ambandos : oui, c'est vous qui avez fait en sorte que je me découvre ! ; Sabine Anderson, Tamilee Webb, Debbie Rosas, Gloria Gonzales, Debbie Ford et Oprah Winfrey : ces femmes ont tout, le leadership, la détermination et la passion.

Et en dernier lieu...

À mon mari, Pete Tillack : si tu n'avais pas fait la cuisine tous les jours, et si tu n'avais pas fait le ménage, ce livre n'aurait jamais vu le jour. Je t'aime.

À propos de l'auteur

Lizbeth Garcia est conseillère personnelle en entraînement, instructrice et enseignante de cours d'exercice, mannequin de forme physique et spécialiste du ballon d'exercice. Elle a également participé à la production de plusieurs vidéos d'entraînement. Elle vit dans le sud de la Californie.

20-22, rue des Petits-Hôtels
75010 Paris

1re édition française octobre 2008

Knotty number problems & Other Puzzles

This French edition was published by arrangement with
Sterling Publishing Co. Inc., 387 Park Avenue South, New York, NY 10016

ISBN : 978-2-300-016462

MICRO APPLICATION
Support technique : 20, 22 rue des Petits-Hôtels,75010 PARIS
Également disponible sur www.microapp.com
http://www.microapp.com
Tél : 01 53 34 20 20, Fax : 01 53 34 20 00

Ivan Moscovich

COLLECTION MASTERMIND

Arrangements, combinaisons et autres énigmes